aprende a hacer

DIBUJITOS
ADORABLES

con

BOBBIE
GOODS

Título original: *How to Draw Super Cute Things with Bobbie Goods*
© 2026 Librero b.v. (edición española)
Hambakenwetering 8B
5231 DC 's-Hertogenbosch
Países Bajos
www.librero.nl

Publicado por Walter Foster Publishing,
un sello editorial de The Quarto Group

© 2023 Quarto Publishing Group USA Inc.
Textos e ilustraciones © 2023 Bobbie Goods

Producción de la edición española:
Traducción: Míriam Torras para Delivering iBooks & Design
Redacción y maquetación: Delivering iBooks & Design, Barcelona

Distribución exclusiva de la edición española:
Librero IBP S. L.
C/ Paseo de los Olmos, n.º 20
Planta 1.ª, oficina 7
28005 Madrid, España
www.librero-ibp.es

Printed in Guangdong, China TT022026
ISBN: 978-94-6499-137-6

Se han realizado todos los esfuerzos posibles para garantizar que
la información recogida en este libro sea correcta. En caso de
error u omisión al consignar los derechos de autor de las imágenes
incluidas en la obra, Librero b.v. pide disculpas y se compromete
a enmendar la información en futuras ediciones del libro.

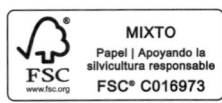

aprende a hacer

DIBUJITOS ADORABLES

con

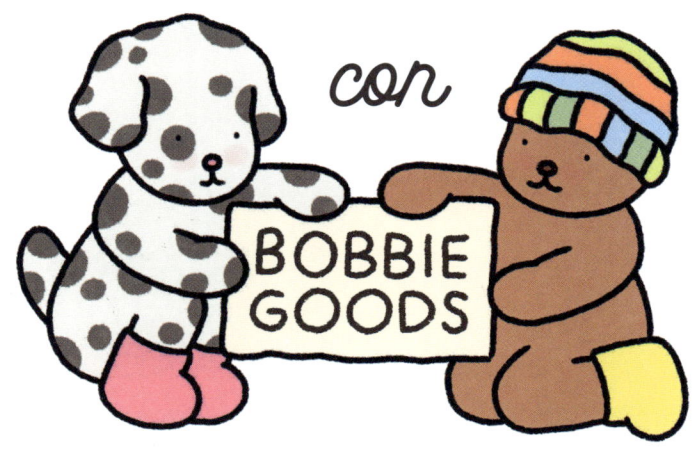

BOBBIE GOODS

¡Dibuja y colorea ilustraciones
tiernas y entrañables!

Librero

índice

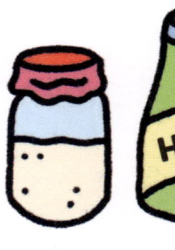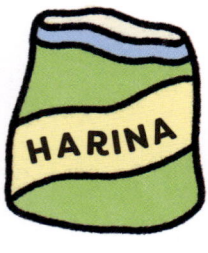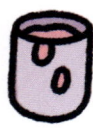

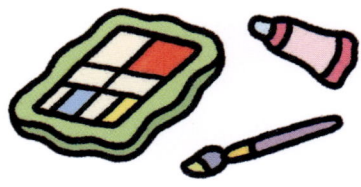

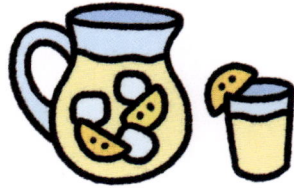

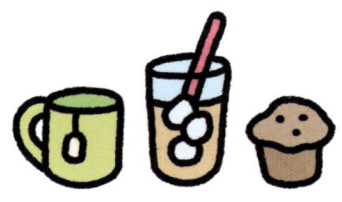

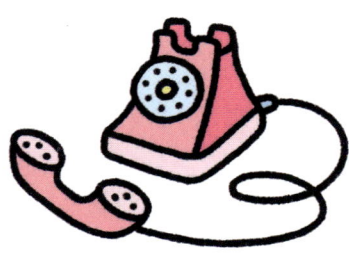

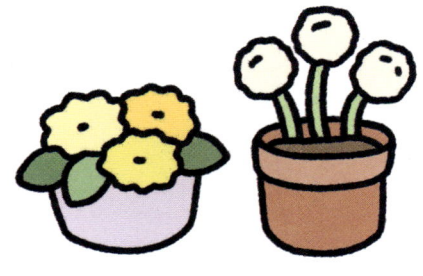

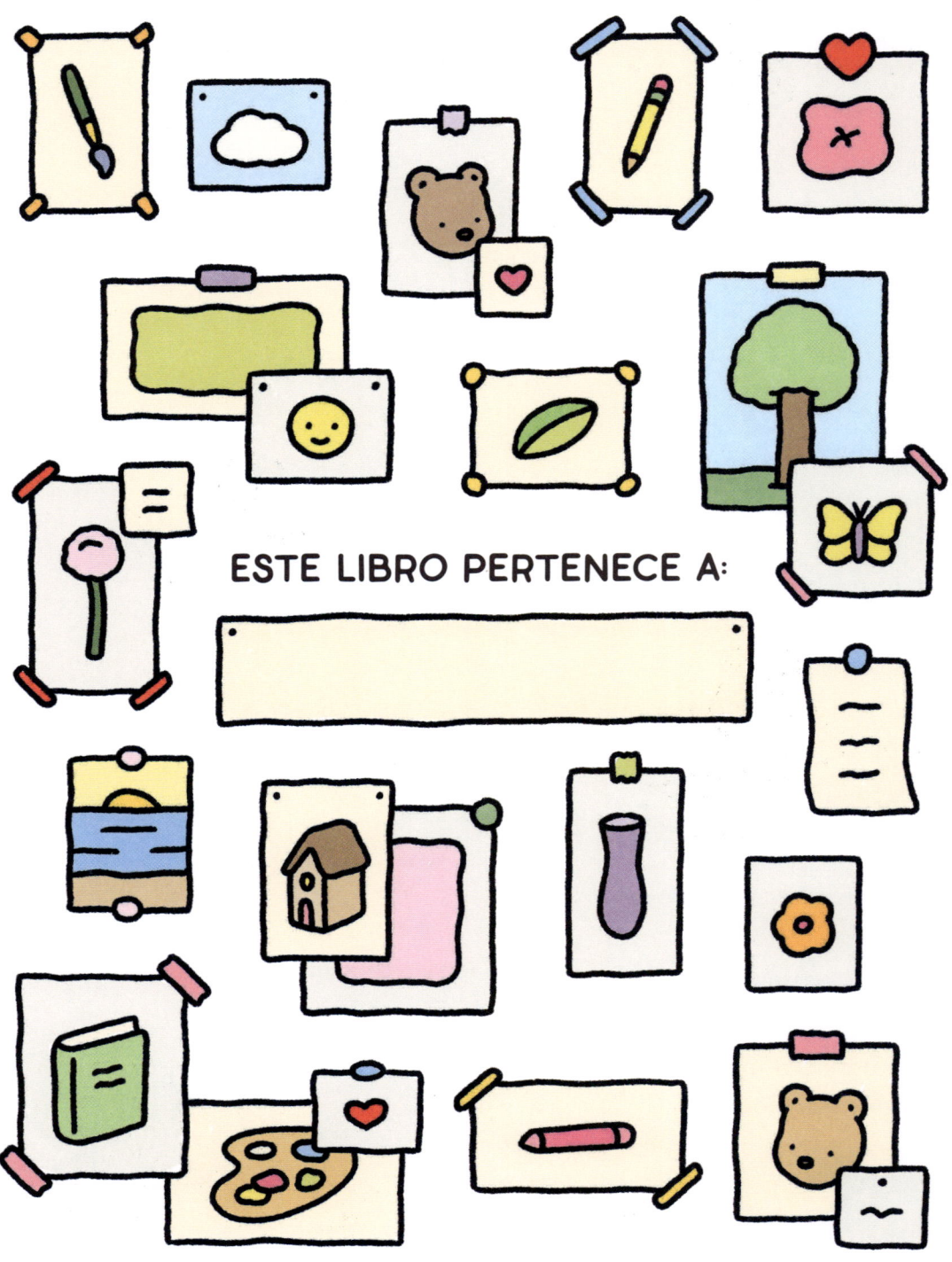

ESTE LIBRO PERTENECE A:

introducción

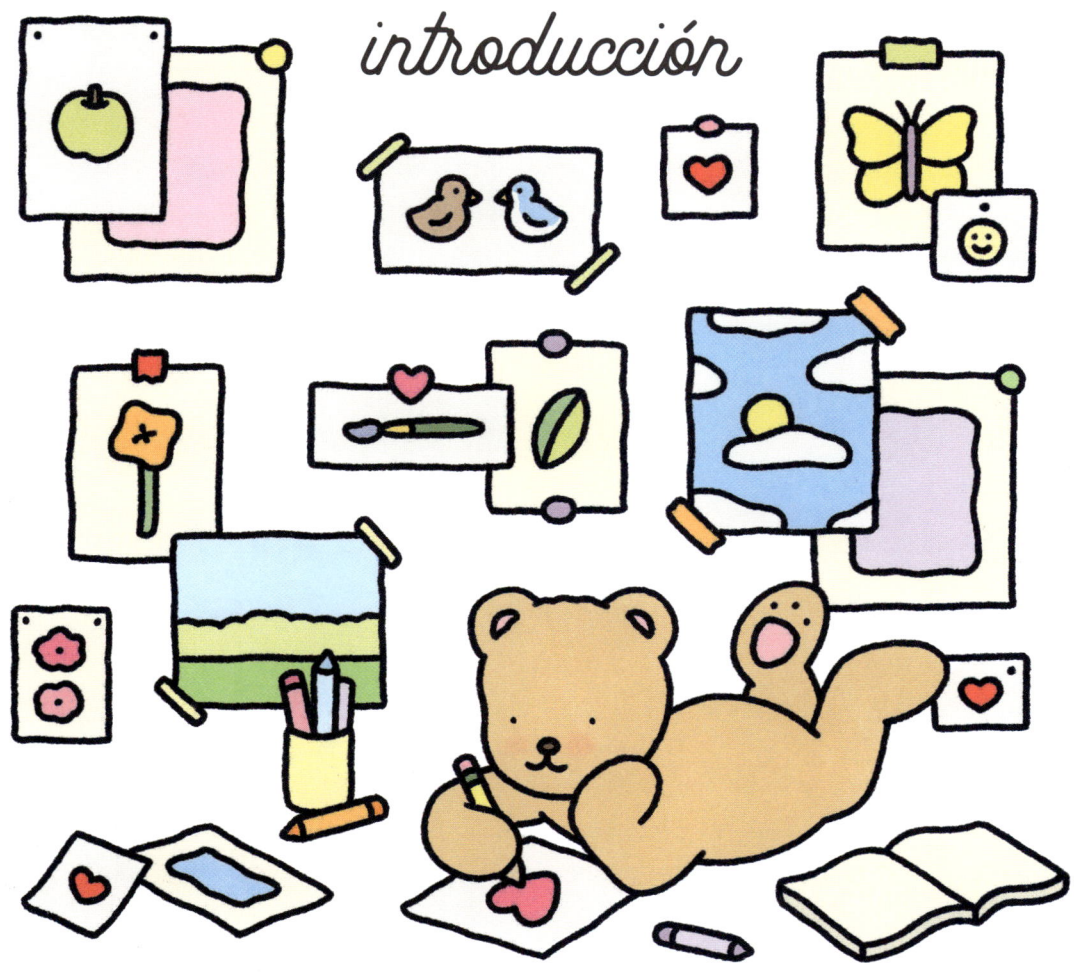

El mundo de Bobbie Goods está repleto de originales personajes que llevan a cabo sus adorables quehaceres diarios. Deliciosamente nostálgico, reconforta a gente de cualquier edad.

Ponte cómodo, coge el bolígrafo y empieza a crear tu propio mundo encantador. Llénalo de tiernos personajes, como perritos y ositos, de escenarios como caóticos dormitorios o huertos frondosos y de encantadores objetos cotidianos. Mientras aprendes a dibujar, tómate tu tiempo: déjate guiar por la inspiración y la creatividad, relájate, presta atención al momento y, por supuesto, ¡diviértete!

herramientas y materiales

Para empezar a dibujar, no necesitas ningún material especial. Simplemente elige el que te resulte más práctico y con el que más disfrutes. Aquí tienes unas sugerencias que te pueden ayudar a embarcarte en tu aventura artística:

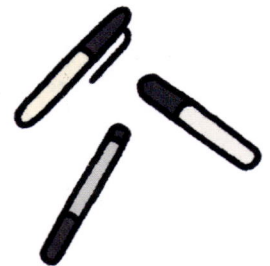

Bolígrafo o rotulador negros Utiliza tu bolígrafo o rotulador negros preferidos como herramienta principal para trazar los gruesos contornos tan característicos de Bobbie Goods. Aunque puede que al principio cometas errores, practicar con un bolígrafo negro te ayudará a desarrollar tu propio estilo y a hacer líneas cada vez más precisas.

Papel Tanto si usas una libreta como un cuaderno de dibujo, asegúrate de que sea adecuado para llevártelo a cualquier sitio y de que el tipo de papel te guste. Si vas a utilizar rotuladores, lo mejor es que el papel sea grueso para que la tinta no lo traspase.

Todos tus colores favoritos Para dar vida a tus dibujos, píntalos de alegres tonalidades con el material que prefieras, ya sean rotuladores, lápices de colores o ceras. A la hora de seleccionarlos, puedes elegir primero tus colores favoritos y luego varios tonos intermedios, que darán profundidad y realce a tus obras maestras.

técnicas de dibujo

Si no tienes mucho pulso, ¡no te preocupes! Las líneas imperfectas, con ondulaciones, dan más personalidad a los dibujos. De hecho, ¡Bobbie nunca traza líneas perfectamente rectas!

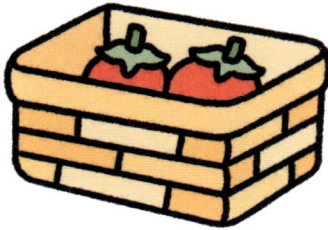

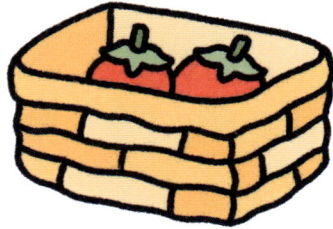

Esta cesta es bonita...   ¡pero esta es única en su especie!

Cuando dibujes personajes de Bobbie Goods, piensa que cambiando la línea de contorno para que, por ejemplo, un perro tenga un pelaje mullidito o uno suave como la seda puedes darle un aspecto totalmente diferente.

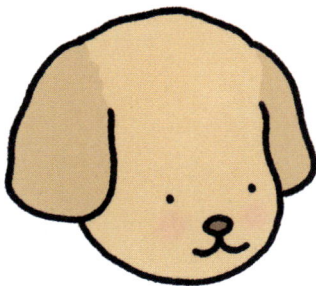

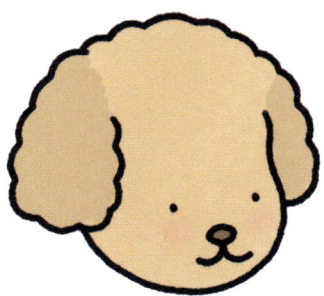

¡Este cachorro tiene
un pelaje liso y brillante!   ¡Y este es como
una nube de algodón!

personajes

Aquí tienes algunos de los simpáticos personajes del mundo de Bobbie Goods.
¿Los conocías? ¿Cuál es tu preferido?

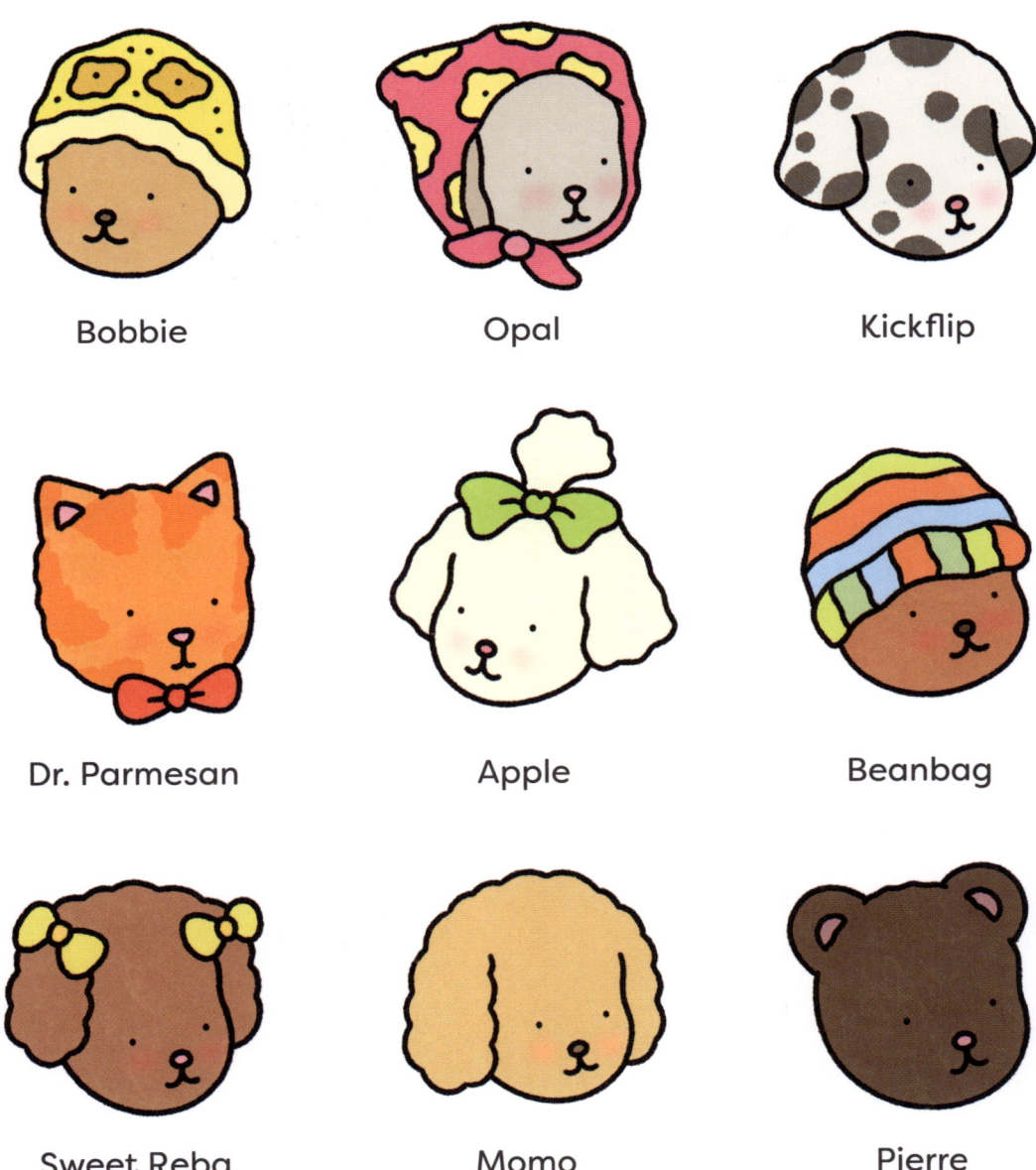

Bobbie

Opal

Kickflip

Dr. Parmesan

Apple

Beanbag

Sweet Reba

Momo

Pierre

dar color

En esta página, puedes pintar los personajes a tu gusto para personalizarlos. Experimenta con diferentes combinaciones de colores o añádeles manchas o rayas para hacerlos aún más especiales. ¿Qué nombres les vas a poner?

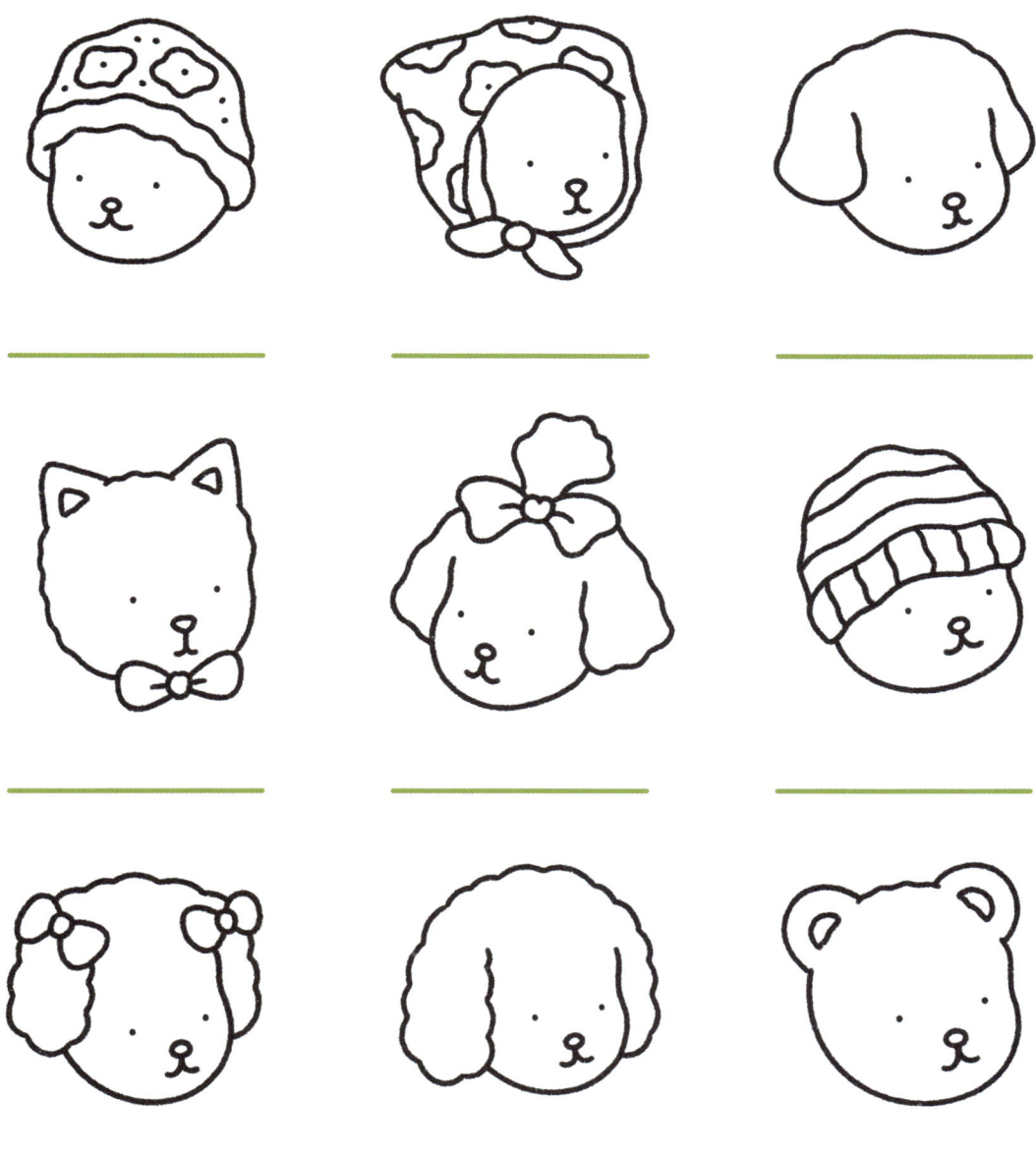

¡Caray! ¡A esta conejita le ha dado por hacer montones de pastelillos y galletas! Esta locura de cocina es el sitio perfecto para preparar golosinas para sus amigos peludos. ¡Y tiene todo lo que tú necesitas para improvisar una obra de arte única! Sigue las recetas de las páginas siguientes y seguro que te saldrán dibujitos de lo más deliciosos. Elige colores apetitosos y pinta la ilustración de la página 25.

COCINA DE UNA REPOSTERA ATAREADA

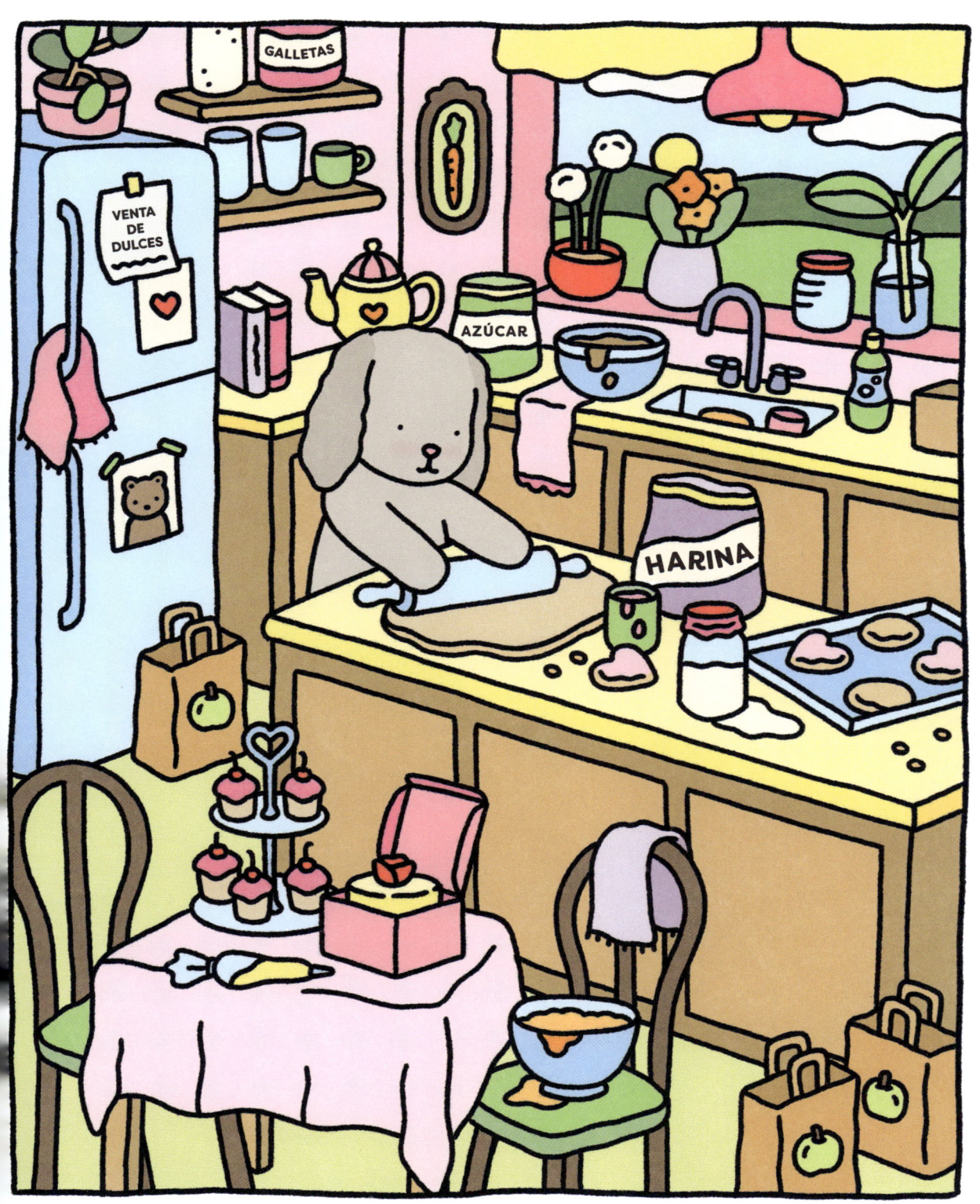

ingredientes de la receta

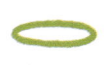

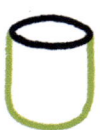
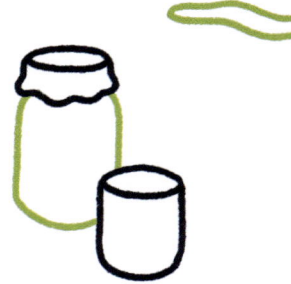
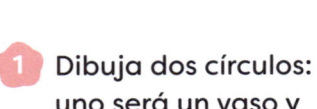

1 Dibuja dos círculos: uno será un vaso y el otro un tarro.

2 Traza una línea irregular para completar la tapa del tarro y luego haz el contorno del vaso.

3 Empieza a dibujar el paquete de harina. Traza el contorno del tarro.

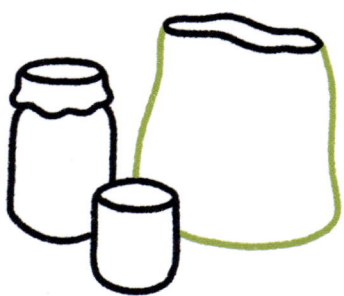
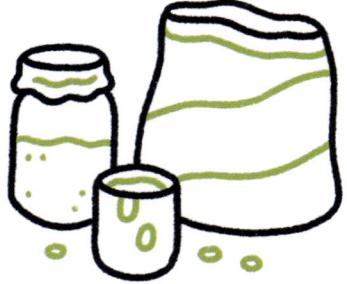
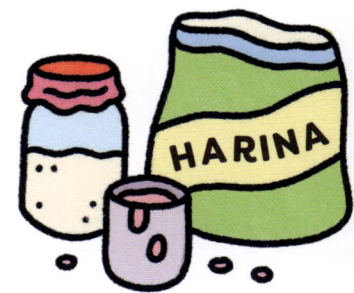

4 Termina de dibujar el paquete de harina haciéndole un contorno ondulado.

5 Agrega los detallitos. ¡Ups! ¡Ha quedado todo hecho un desastre!

6 Coloréalo. ¡Ya lo tienes todo para empezar a preparar la receta!

bandeja de galletas

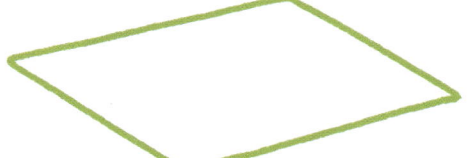

1 Primero traza un paralelogramo.

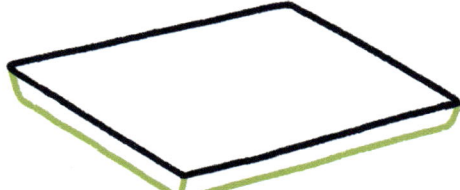

2 Después, crea la base de la bandeja añadiendo estas líneas.

3 A continuación, dibuja el contorno de las galletas. Puedes darles una forma redondeada, de corazón o incluso la típica de alguna celebración.

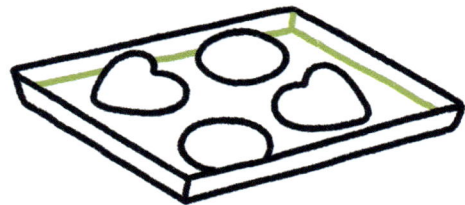

4 Haz estas tres líneas para completar la bandeja.

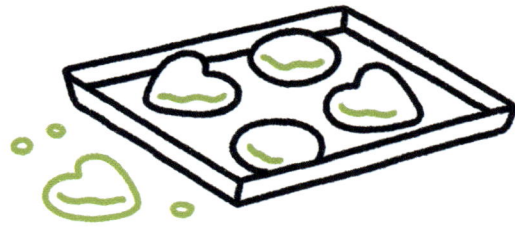

5 Añade detalles a las galletas para hacerlas más llamativas. ¡Vaya! ¡Alguien ha dejado unas migas!

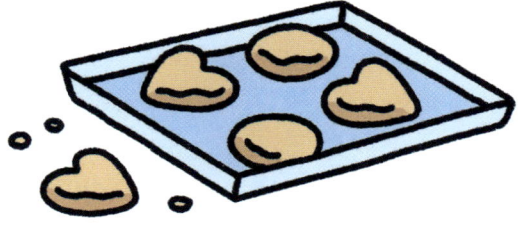

6 Por último, colorea el dibujo. Si quieres, adorna las galletas con un glaseado. ¿A alguien más se le ha abierto el apetito?

conejita repostera

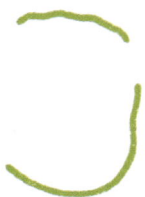
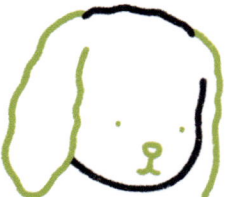

1 Primero traza estas dos líneas. La de arriba formará la coronilla y tiene que ser ligeramente irregular.

2 Después, hazle largas orejas peludas y dibújale una carita adorable, ¡como la de todos los conejitos!

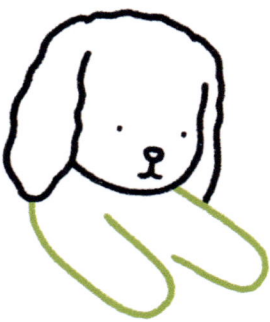
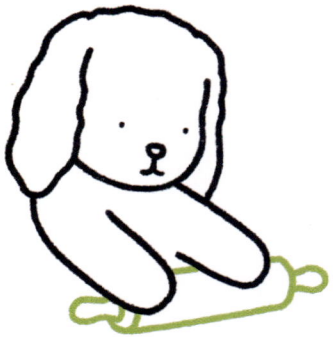

3 Dibuja los dos brazos tendidos hacia delante.

4 Añade el rodillo. ¿Qué estará preparando?

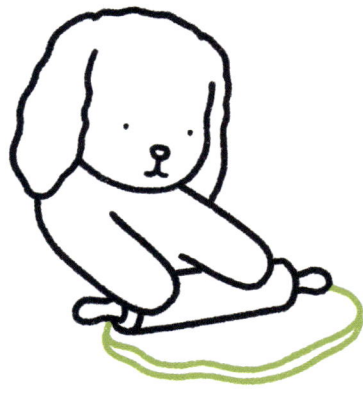

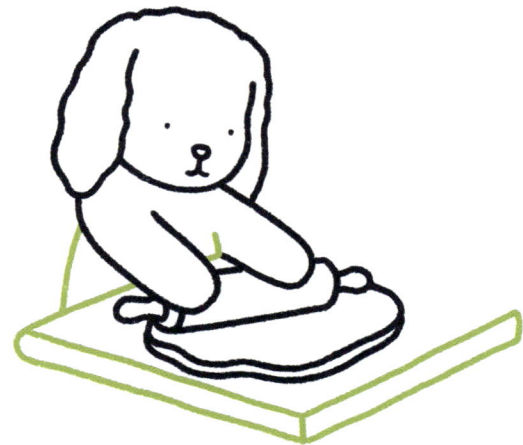

5 Dibuja la masa extendida. Puede tener la forma que desees siempre y cuando su contorno sea ondulado.

6 Traza las líneas de la encimera y acaba de dibujar el torso de la conejita repostera.

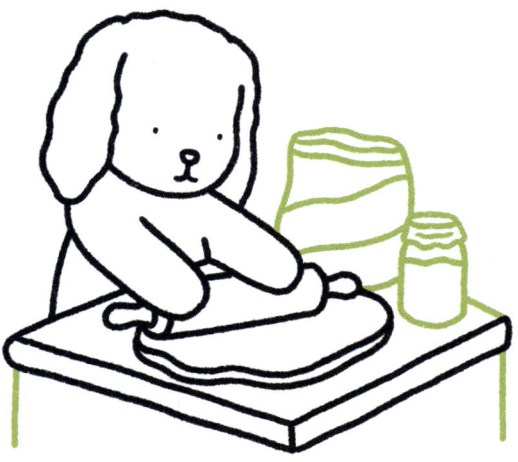

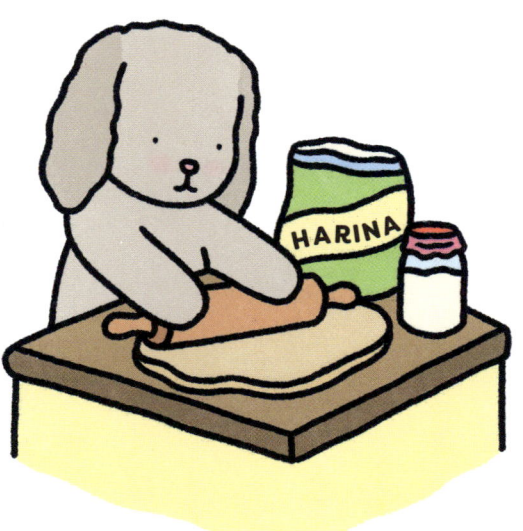

7 A continuación, dibuja los ingredientes.

8 Por último, ¡dale color! ¡Guau!

tarta en caja

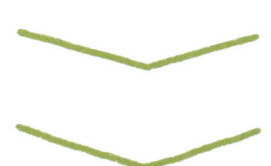

1 Para empezar a dibujar la caja que contendrá la tarta, haz dos *V* muy abiertas.

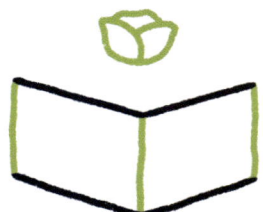

2 Termina la parte delantera de la caja añadiendo tres líneas verticales. Dibuja la rosita de azúcar.

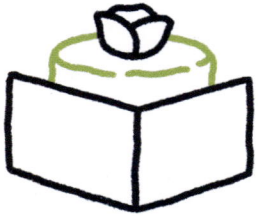

3 Traza la forma de la tarta. ¡Oooh! ¡Lleva *fondant*!

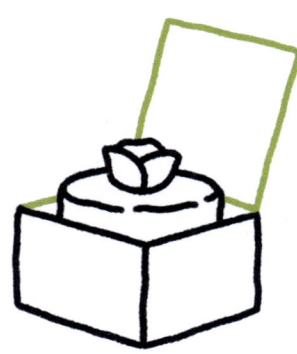

4 Empieza la tapa dibujando un cuadrado.

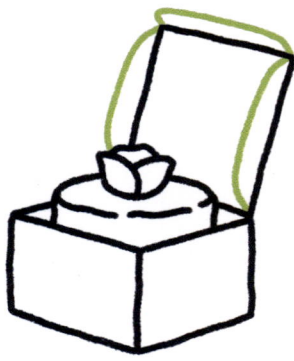

5 Añade pestañas a la tapa para que quede bonita y encaje bien.

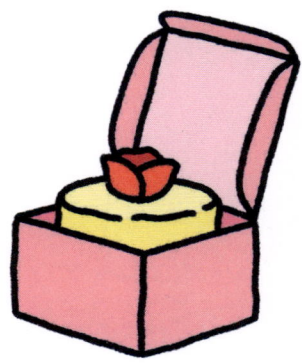

6 Por último, pinta la tarta a tu gusto y la caja con los típicos tonos rosa pastel.

soporte para cupcakes

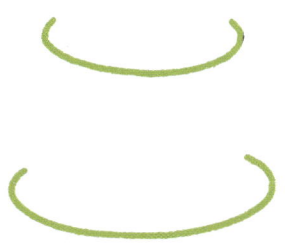

1 Primero traza dos óvalos inacabados para crear los pisos del soporte.

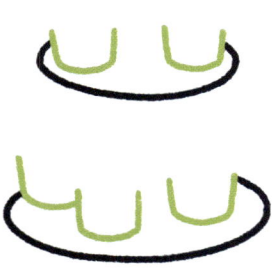

2 A continuación, añade las bases de los *cupcakes*.

3 Después, dibuja el glaseado y las cerezas. ¡Oooh! ¡Qué exquisitez!

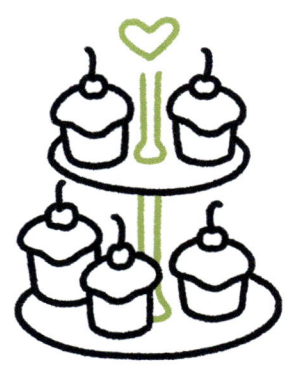

4 Dibuja la barra central superior del soporte con un corazón en la punta. Añade la barra central inferior.

5 Haz el contorno del corazón y los pequeños trazos que completan los pisos del soporte.

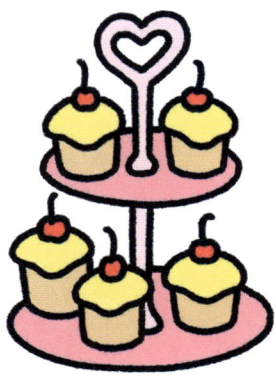

6 Elige los colores. Piensa en tus sabores preferidos ¡y no te olvides de compartir!

bolsa de papel

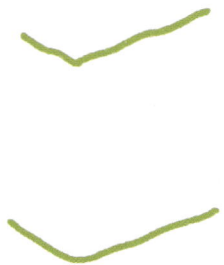

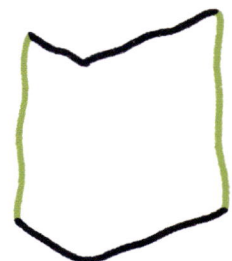

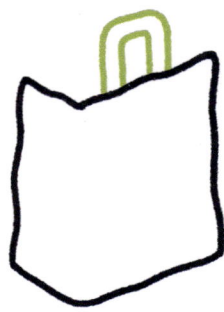

1 Primero traza la línea superior y la inferior de la bolsa. ¡Hazla grande para que te quepa toda la compra!

2 Añade estas dos líneas paralelas. Pueden ser ligeramente onduladas.

3 Después, dibuja la primera asa.

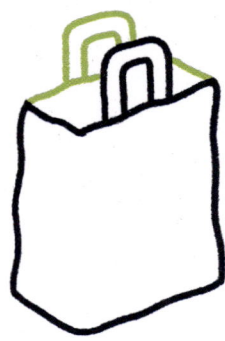

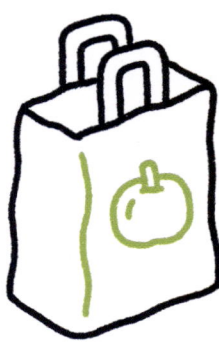

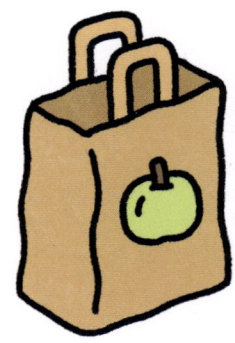

4 Traza estas líneas y la segunda asa.

5 Añade los toques finales, como el logo de la tienda.

6 Pinta la bolsa de papel del típico color marrón. ¡Es fácil de reutilizar y reciclar!

silla de cocina

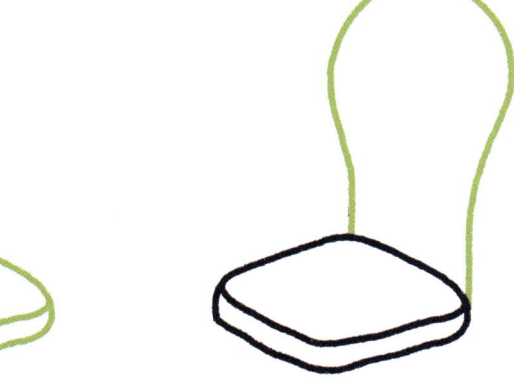

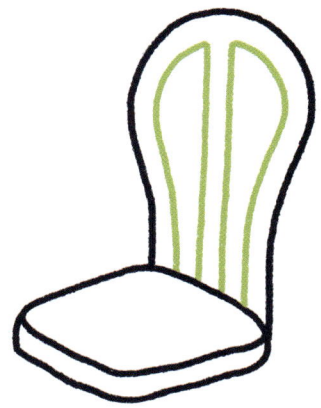

1 Empieza dibujando un cuadrado inclinado con esquinas redondeadas para el asiento acolchado.

2 Añade el respaldo para que la silla sea más cómoda.

3 Termina de hacer el respaldo con estas líneas.

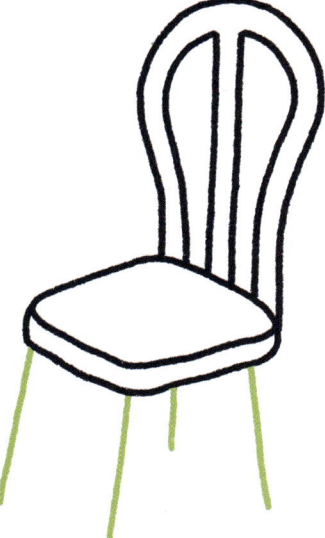

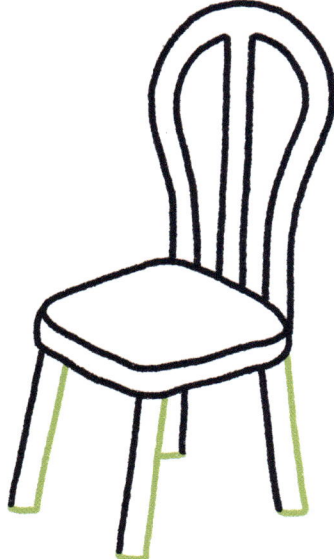

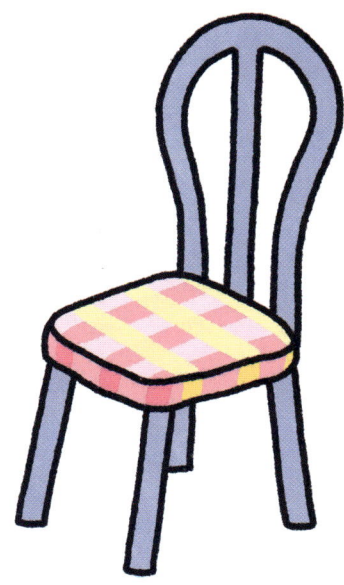

4 Traza cuatro líneas inclinadas para crear unas patas robustas.

5 Acaba de dibujar las patas.

6 Personaliza la silla con colores alegres y un estampado en el asiento acolchado.

nevera

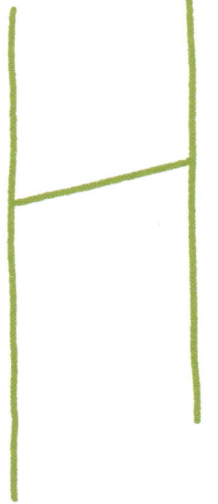

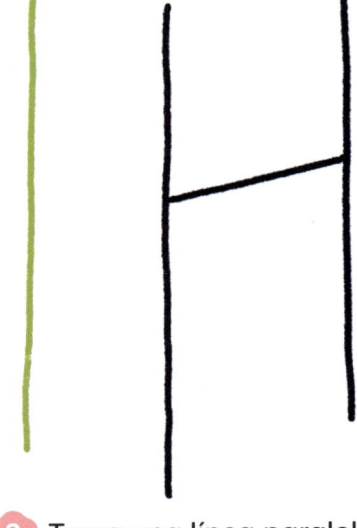

1 Para dibujar una nevera, primero haz una *H*.

2 Traza una línea paralela a la izquierda de la *H* para formar la parte trasera de la nevera.

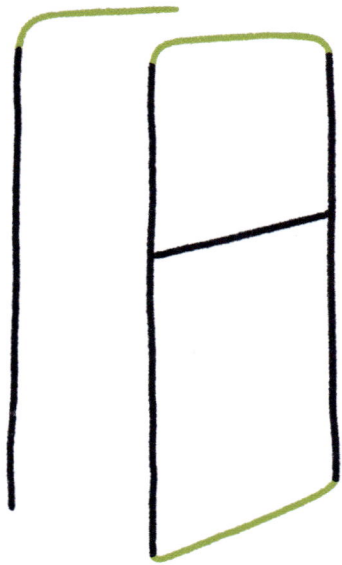

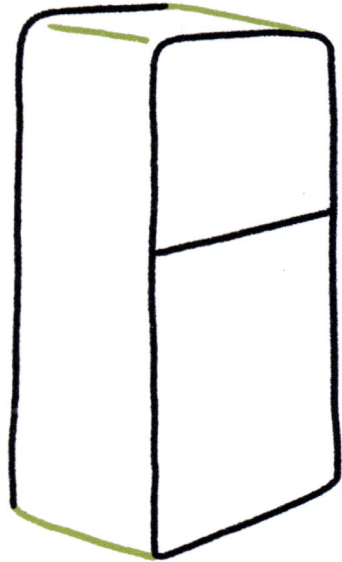

3 Añade estas líneas para empezar a formar la parte superior y la inferior.

4 Completa la forma principal con estas tres líneas.

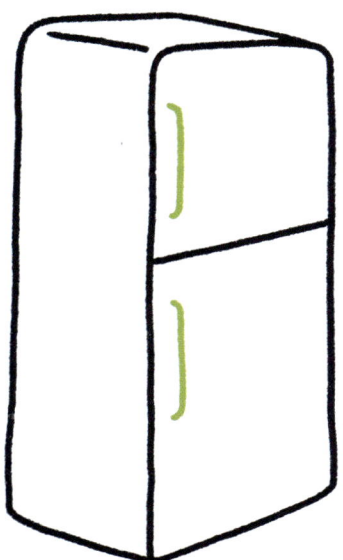

5 Después, dibuja las asas para poder abrirla fácilmente.

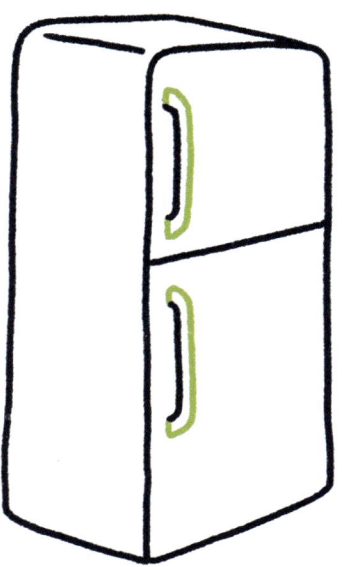

6 Añade estas otras dos líneas curvas.

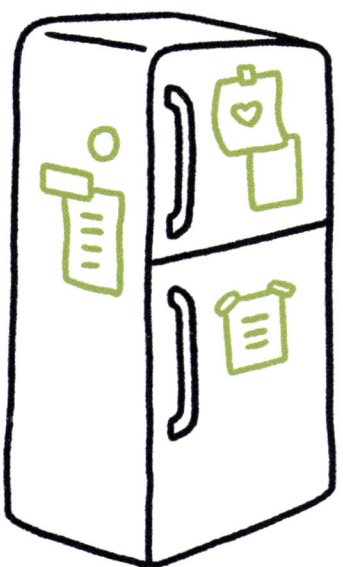

7 Dibuja varios imanes divertidos y notitas. Podrían ser recetas ¡o mensajes de amor!

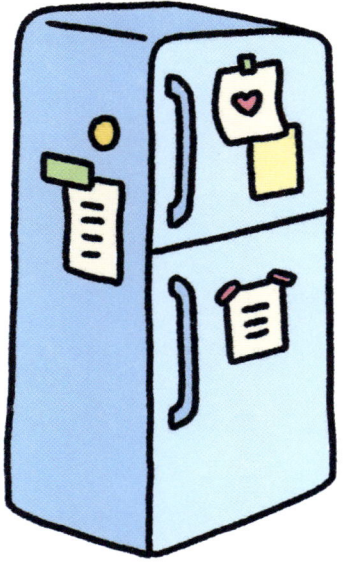

8 Coloréalo. ¡Puedes utilizar cualquier color del arcoíris!

tetera

1 Primero dibuja la tapa de la tetera con un circulito encima.

2 Dibuja la parte inferior dándole una bonita forma redondeada.

3 Haz el asa y luego un óvalo, que será la boquilla del pico.

4 Traza el pico con unas bonitas líneas curvas y, después, dibuja la base de la tetera.

5 Haz los detalles de la tetera y acompáñala de una tacita mona.

6 Elige tus colores favoritos para colorearlas.

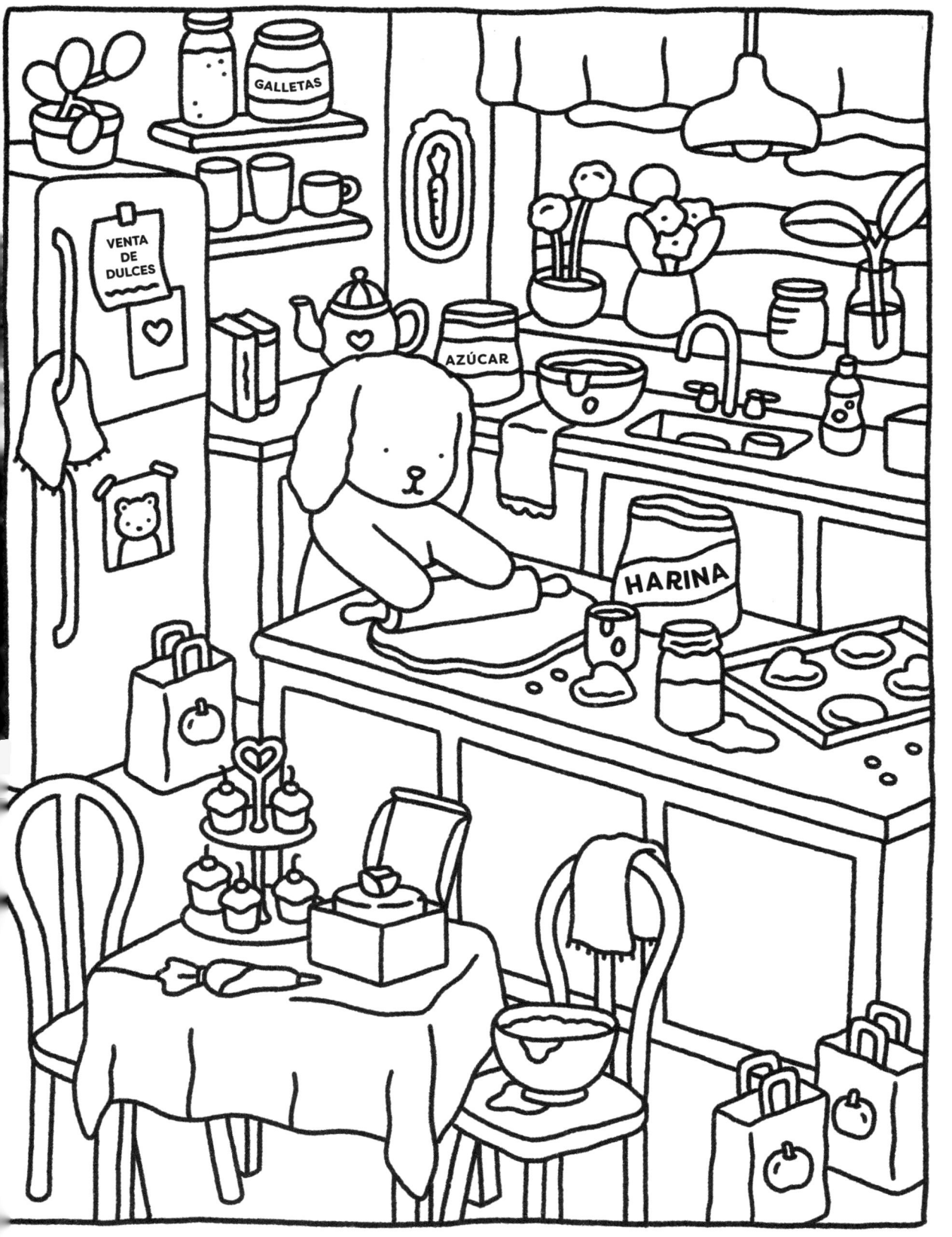

C'est magnifique! ¡Una maravilla absoluta! ¡Una conmovedora obra de arte que incita a la reflexión! Eso es lo que dirán tus amigos cuando vean los dibujos que has hecho de este estudio artístico. Al igual que estos animalitos tan creativos, en las páginas siguientes tú también aprenderás a hacer nuevos dibujos. Para terminar, colorea a tu gusto la ilustración de la página 39.

ESTUDIO DE UN CÉLEBRE ARTISTA

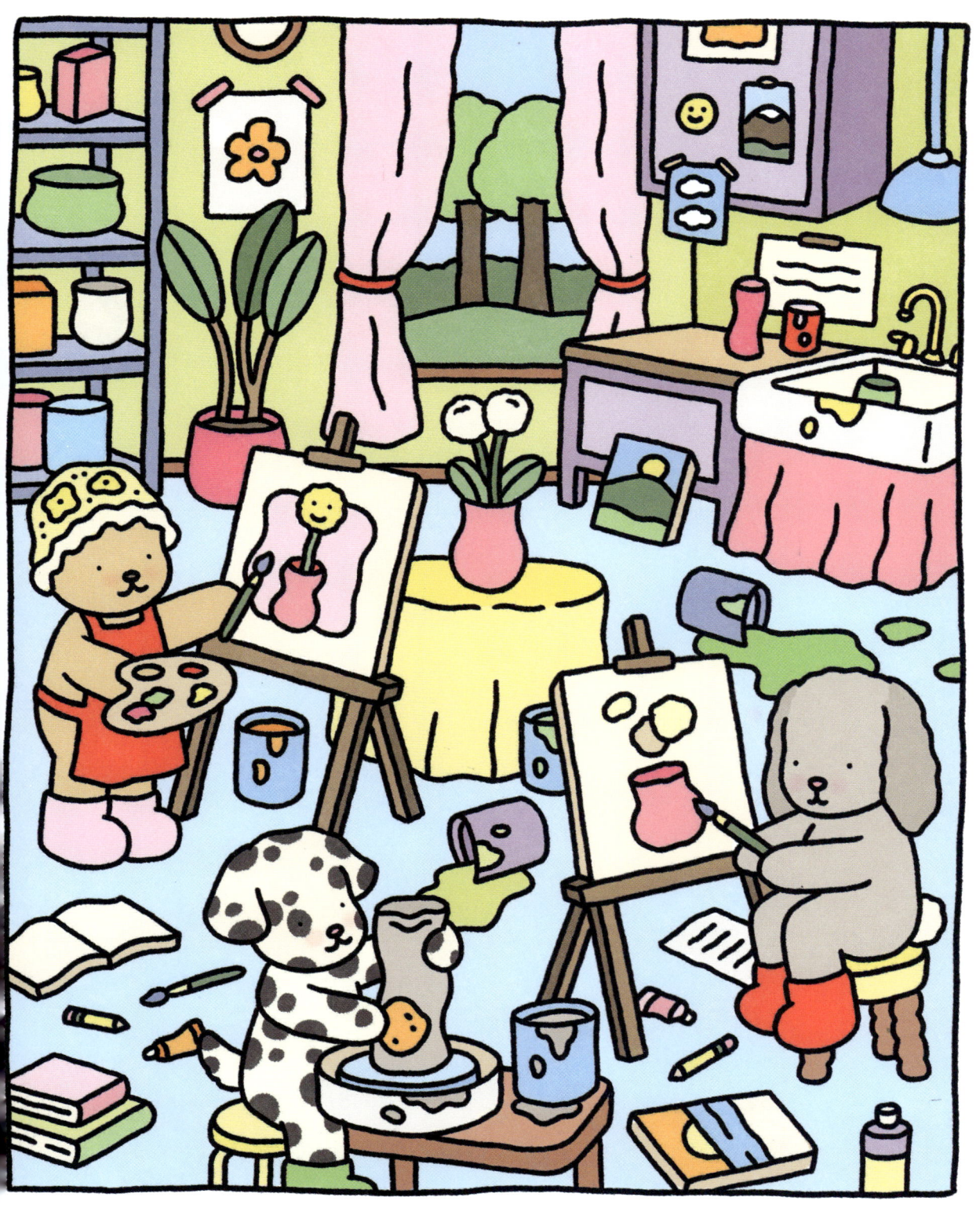

osito artista

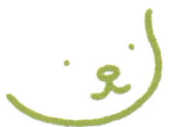

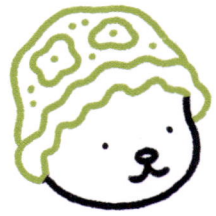

1 Primero dibuja una cara redonda, una nariz chata y una sonrisa tímida.

2 ¡Añade el fantástico sombrero! Asegúrate de que cuadra con las líneas de la cara.

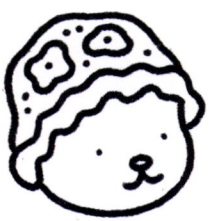

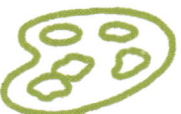

3 ¡Todo artista necesita una paleta!

4 Empieza a dibujar el cuerpo trazando la larga línea curva de la espalda y las dos líneas del brazo.

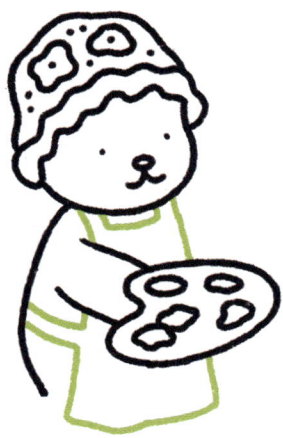

5 Añade el delantal.
¡Este osito pintor
siempre se mancha!

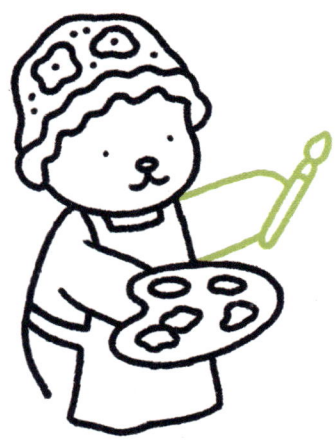

6 Dibújale el otro brazo
sosteniendo un pincel.

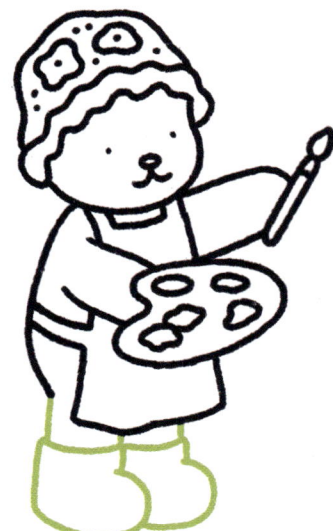

7 Añade las voluminosas
botas.

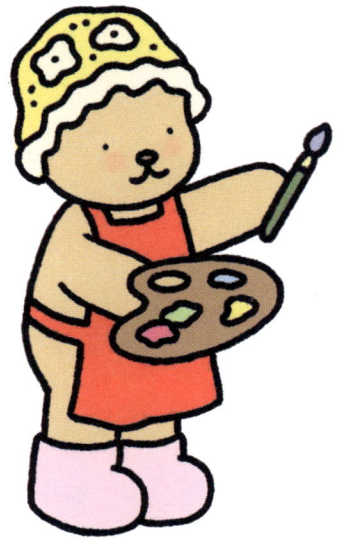

8 ¡Colorea el dibujo para
convertirlo en una
auténtica obra de arte!

caballete

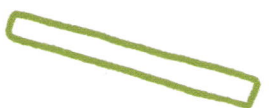

1 Primero traza un pequeño rectángulo inclinado.

2 Añade otro rectángulo inclinado que sea más largo que el primero.

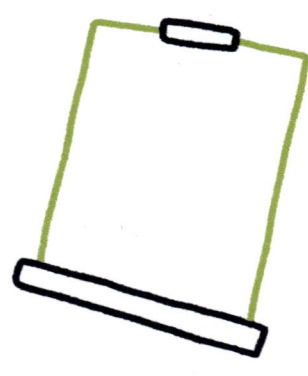

3 Une los dos rectángulos con líneas ligeramente inclinadas.

4 Añade dos patas inclinadas y la pieza superior. Hazlas con la misma inclinación que las líneas anteriores.

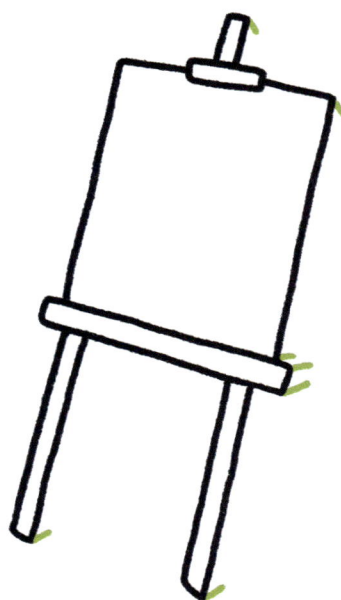

5 Haz estos siete trazos cortos que van hacia atrás.

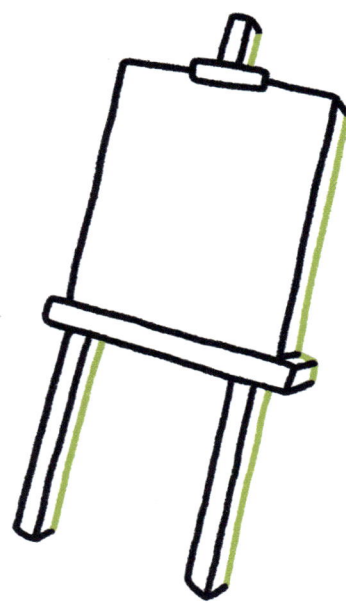

6 Une los trazos para darle profundidad al dibujo.

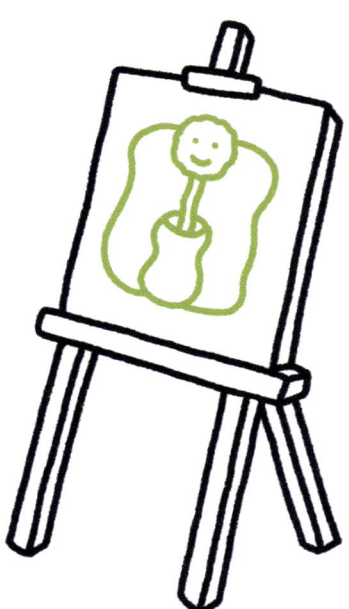

7 ¡Ahora haz un dibujo en el lienzo!

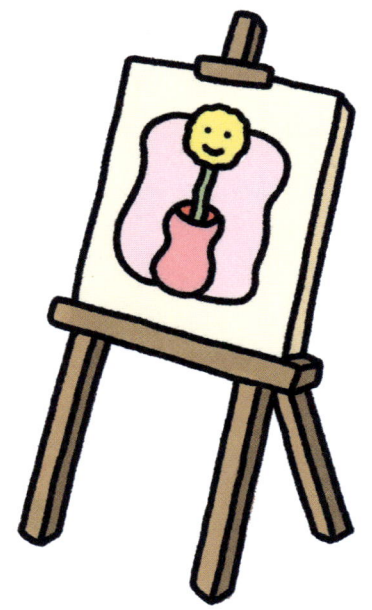

8 Coloréalo para convertirlo en una obra maestra.

material de bellas artes

 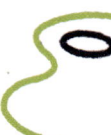 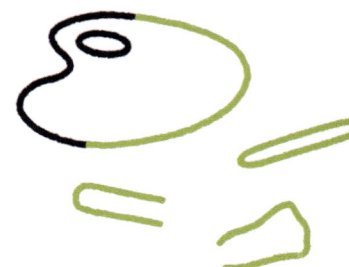

1 Primero dibuja un óvalo pequeño, del tamaño justo para que pueda pasar una patita.

2 Traza una línea larga y sinuosa.

3 Termina de dibujar la paleta y empieza a esbozar los otros materiales.

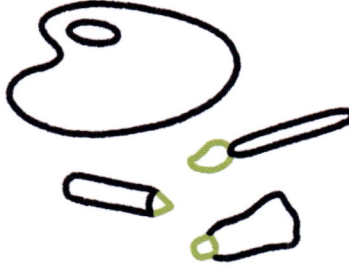 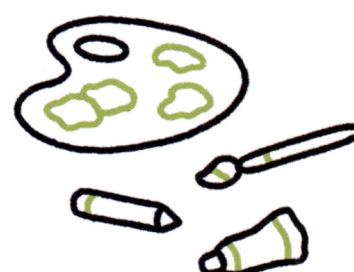 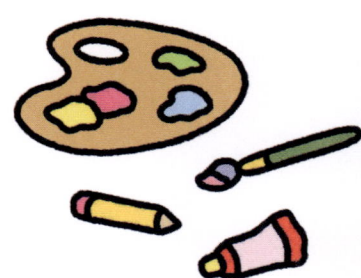

4 Añade la punta del pincel y de la cera, así como el tapón del tubo de pintura.

5 Introduce los detalles trazando algunas líneas y manchas irregulares.

6 Píntalo con tus colores favoritos.

latas de pintura

1 Primero dibuja un óvalo con una línea curva en el interior.

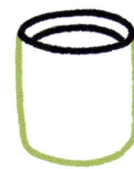

2 Añade la forma de la lata con una línea como esta.

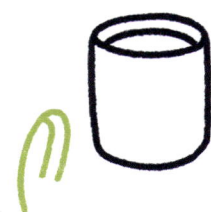

3 Traza un óvalo inacabado con otra línea curva en su interior.

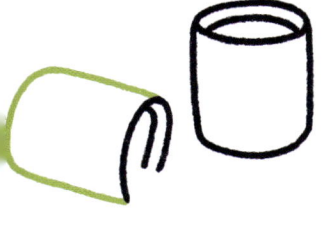

4 Dibuja la forma de la segunda lata. Mmm... ¿Por qué está tumbada?

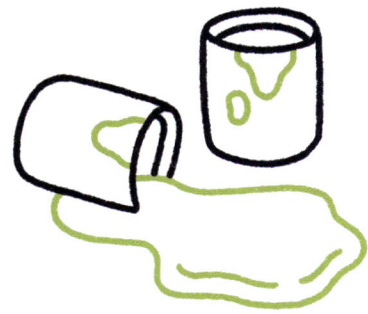

5 Añade un poco de pintura y... ¡Oh, no! ¡Se ha derramado!

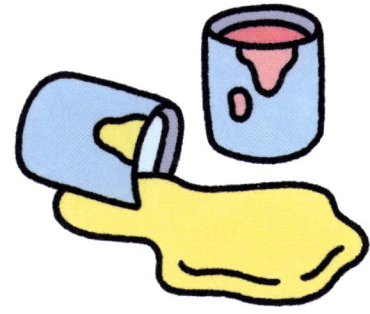

6 Pinta el dibujo. ¡Ha quedado todo perdido!

torno de alfarero

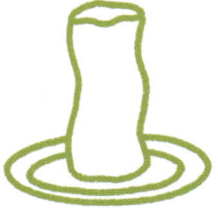

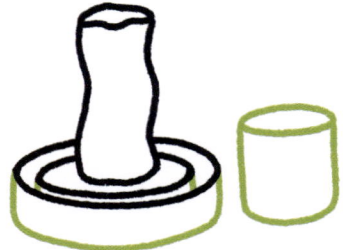

1 Primero dibuja un jarrón sobre un plato giratorio.

2 Añade una bandeja para la arcilla sobrante y un recipiente para el agua.

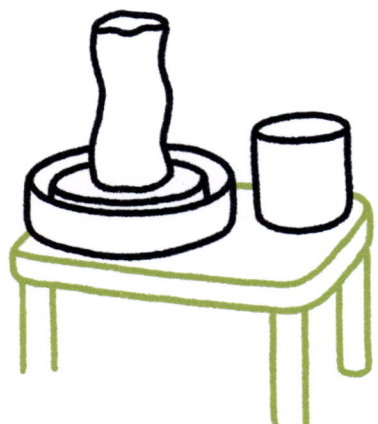

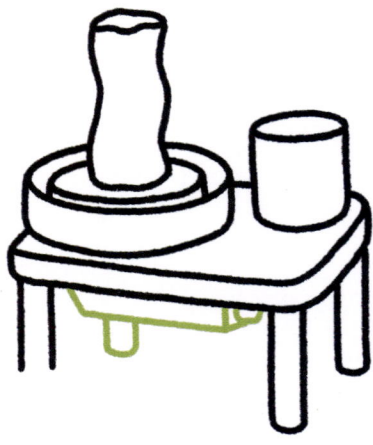

3 Dibuja la base del torno con tres patas.

4 ¡Necesitamos un motor! Un torno eléctrico facilita el trabajo.

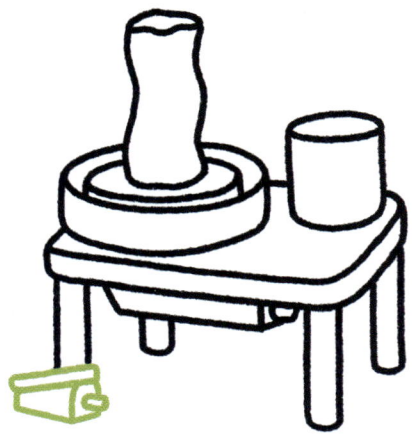

5 Dibuja el pedal. Recuerda empezar despacio...

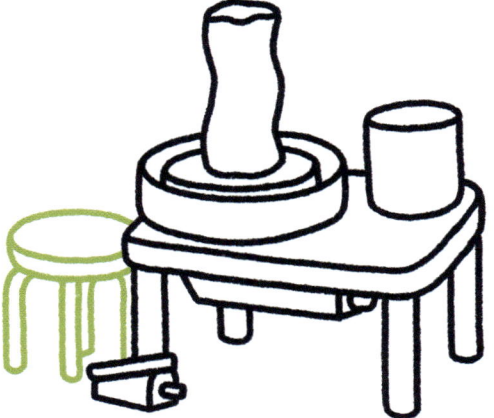

6 Añade el taburete. ¡Los alfareros necesitan un lugar donde sentarse!

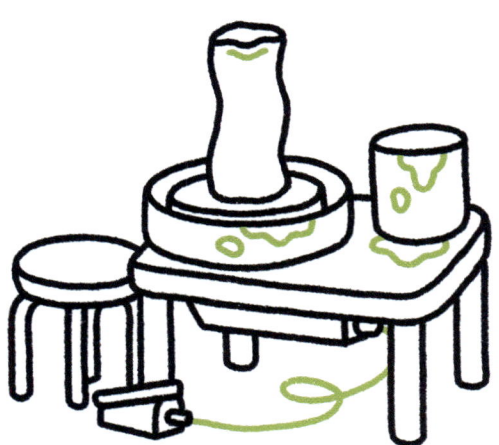

7 Haz el cable y algunas salpicaduras de arcilla. ¡Las manchas se dan por hecho!

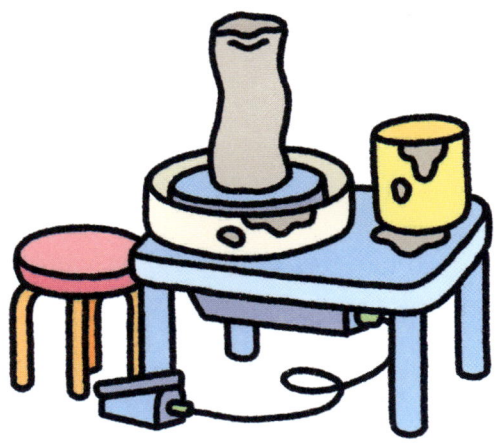

8 Por último, ¡dale color!

fregadero del estudio de arte

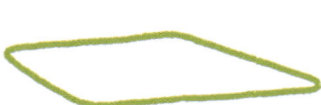

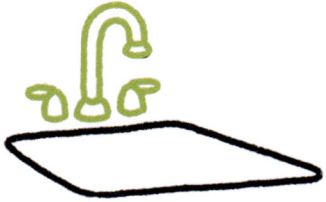

1 Primero traza un rectángulo inclinado con las esquinas redondeadas.

2 Dibuja el grifo con dos mandos, el del agua caliente y el del agua fría.

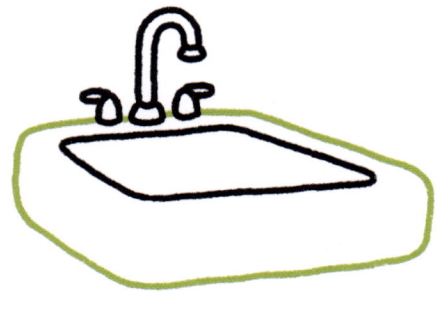

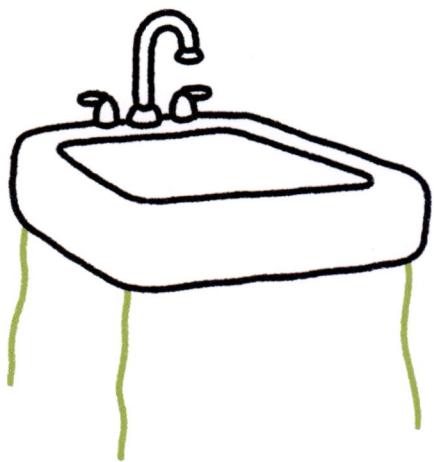

3 Crea la cubeta del fregadero trazando una línea larga como esta, siguiendo las curvas del primer rectángulo.

4 Haz la base del fregadero con estas tres líneas verticales.

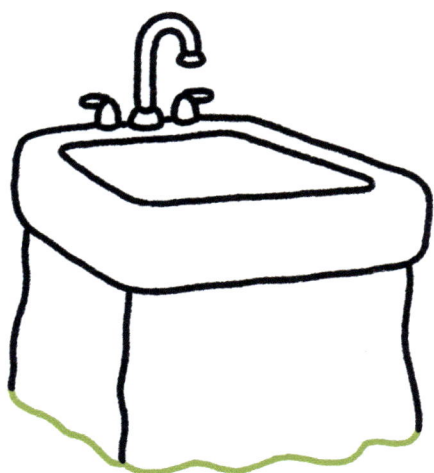

5 Completa la forma del fregadero trazando dos líneas onduladas en la parte inferior.

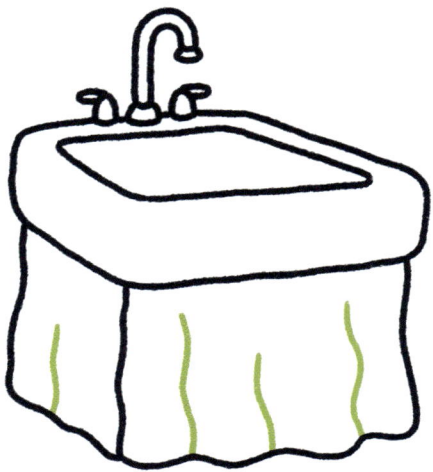

6 Añade estas líneas onduladas para que parezca una cortina.

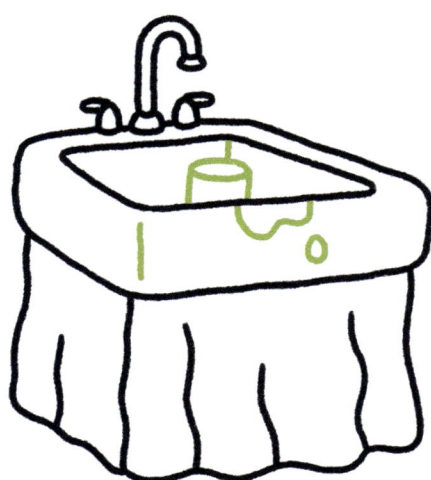

7 Dibuja un vaso dentro del fregadero y otros detallitos. ¡Parece que hay cosas que fregar!

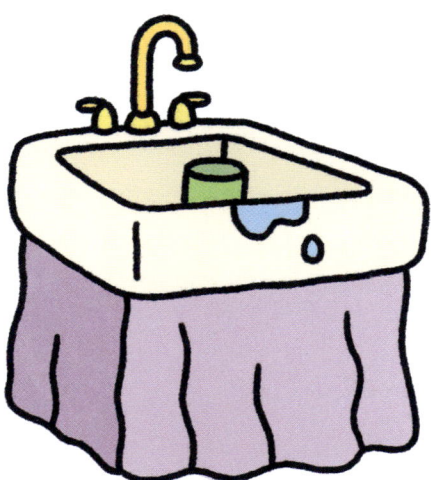

8 Colorea ¡y no te olvides de dejarlo todo limpio!

florero

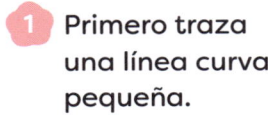

1 Primero traza una línea curva pequeña.

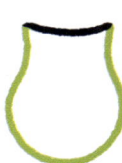

2 Añade una línea larga con curvas para crear la forma del jarrón.

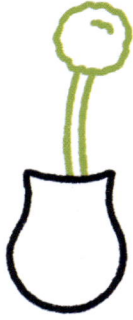

3 Dibuja un círculo de aspecto mullido y dos líneas largas que lo unan al jarrón.

4 Haz las dos hojas.

5 Dibuja una segunda flor mullidita que asome por detrás de la primera.

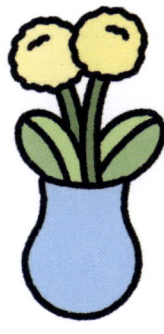

6 Colorea el dibujo. Usa tres tonos diferentes de verde para crear volúmenes.

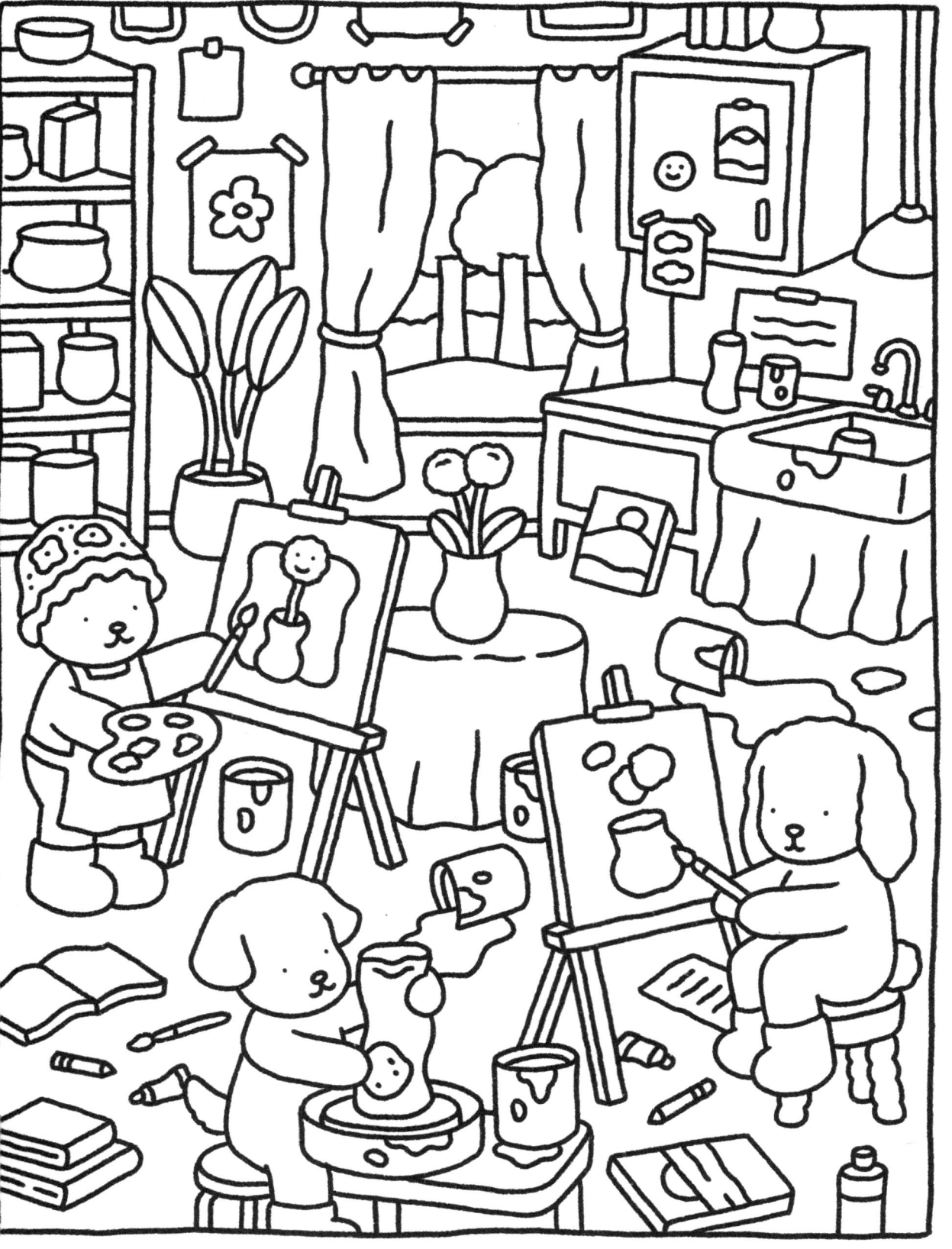

Cuando hace buen tiempo y brilla el sol, un pícnic puede ser ideal para poner en práctica tus dotes de dibujante. En las páginas siguientes, aprenderás a dibujar todo lo que necesitas para preparar un pícnic de lo más pintoresco. Elige los colores que consideres perfectos para cada cosa: ¿tal vez un tono ciruela para la bicicleta y uno rosado para algunas flores? Podrás colorear esta escena en la página 53.

ENCANTADOR DÍA DE PÍCNIC

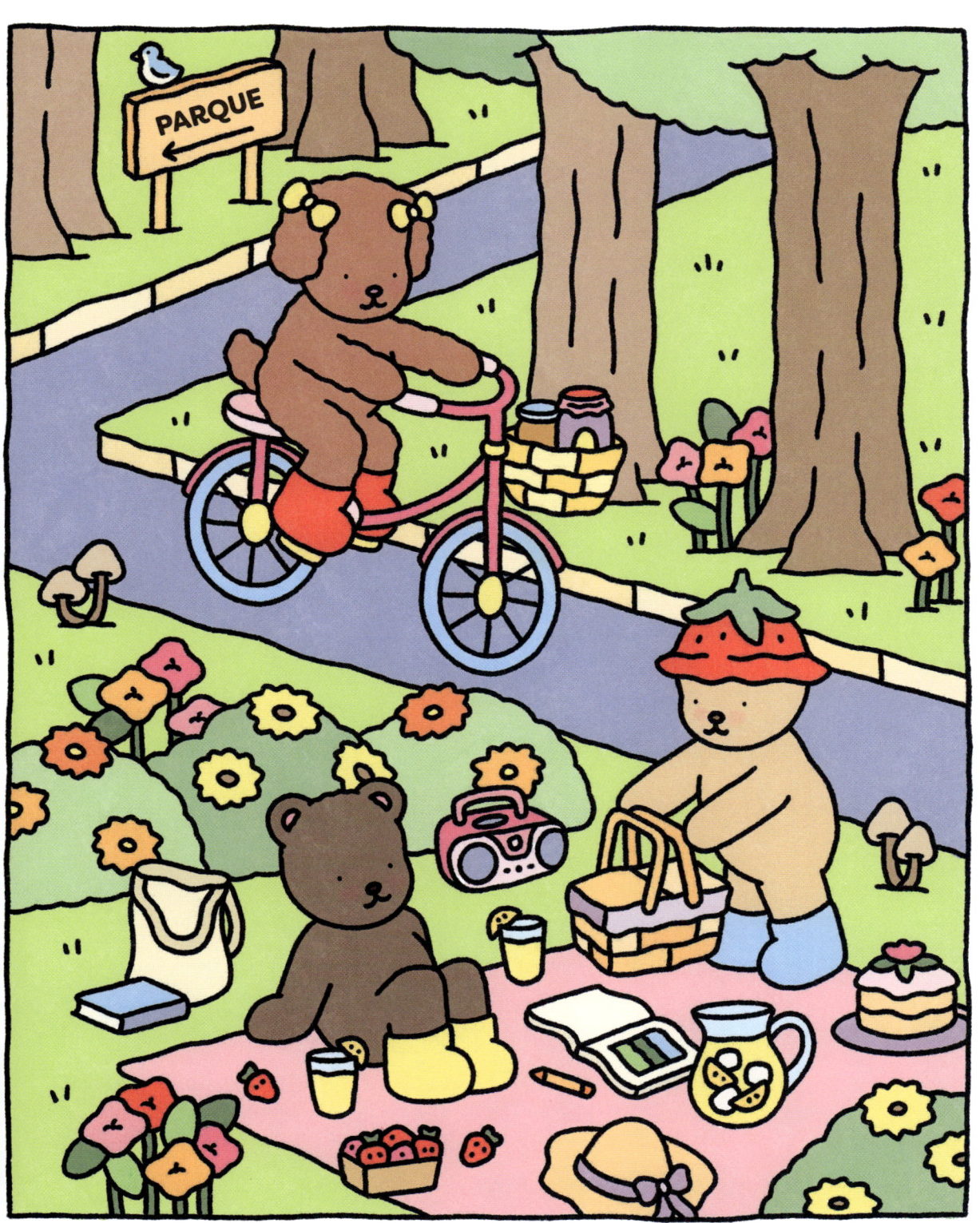

bicicleta

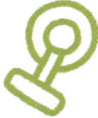

1 Para dibujar una bicicleta, empieza por un pedal.

2 Traza estas cuatro líneas para crear el cuadro.

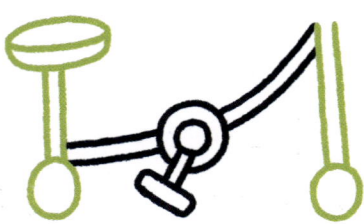

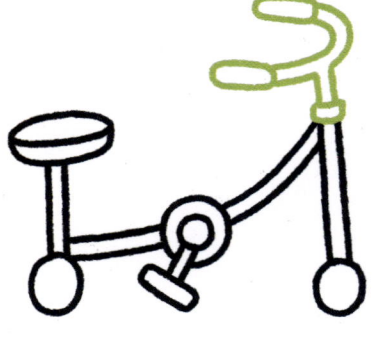

3 Añade la tija con el sillín y la horquilla para la rueda delantera.

4 ¡Y no te olvides del manillar!

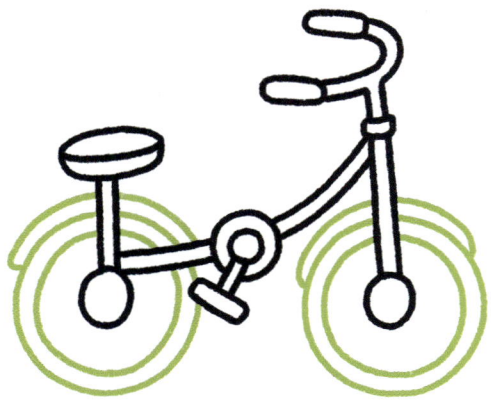

5 Haz las dos ruedas.
¡Parecen veloces!

6 Traza los radios
con líneas rectas.

7 Por último, dibuja una
cesta con flores.

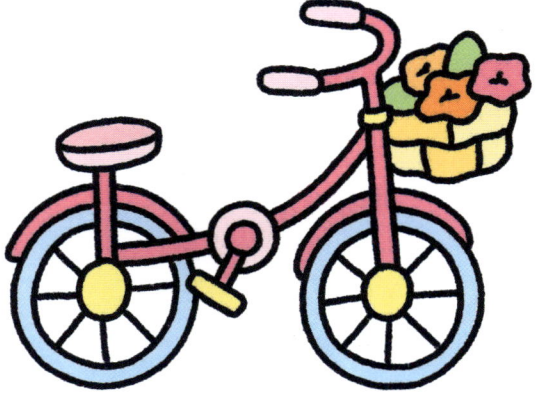

8 Utiliza tus colores favoritos
para convertirla en la bici
de tus sueños.

flores

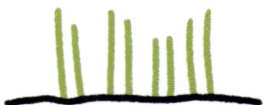

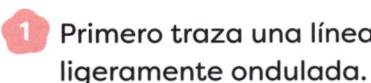

1 Primero traza una línea ligeramente ondulada.

2 Añade algunos tallos, que sostendrán tus bonitas flores.

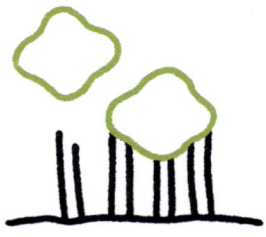

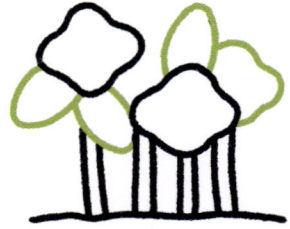

3 Dibuja las dos primeras flores.

4 Después, haz algunas hojas y otra flor.

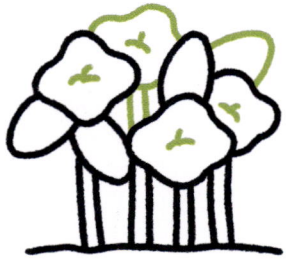

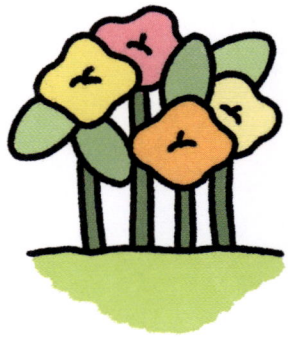

5 Añade otra flor y otra hoja, así como el centro de cada flor.

6 Coloréalas. ¡Seguro que huelen de maravilla!

señal de entrada al parque

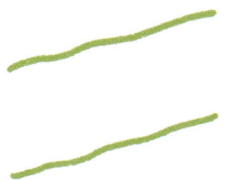

1 Primero haz dos líneas paralelas. ¡Cuanto más imperfectas, mejor!

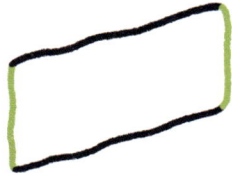

2 Después, completa el paralelogramo añadiendo estas dos líneas verticales.

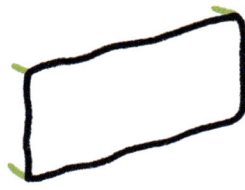

3 Añade estos pequeños trazos para crear profundidad.

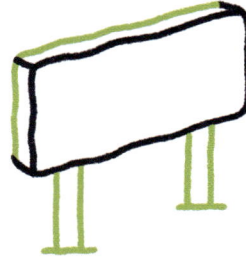

4 Dibuja la parte trasera de la señal y los dos postes.

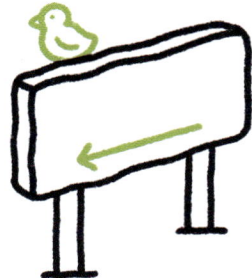

5 Añade el pajarito y la indicación de la señal.

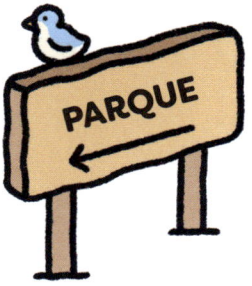

6 Elige los colores y píntalo. Me pregunto si el pajarito está cantándonos una canción...

cesta de pícnic

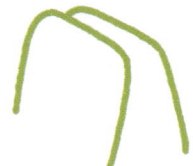

1 Primero traza dos líneas curvas, que serán las asas.

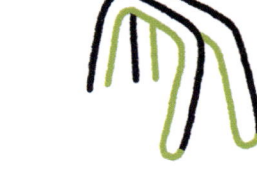

2 Termina de dibujar las asas, pero deja incompleto un extremo de cada una para luego poder unirlas a la cesta.

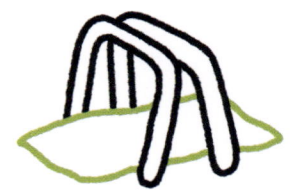

3 Añade la tapa de la cesta.

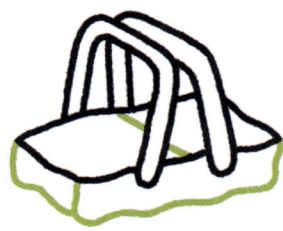

4 Dibuja la tela que forra el interior de la cesta y la línea de la tapa.

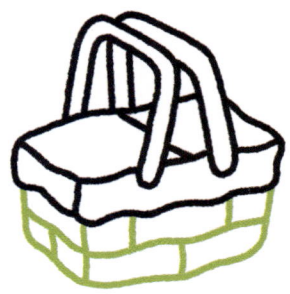

5 Después, ¡crea la textura de mimbre así!

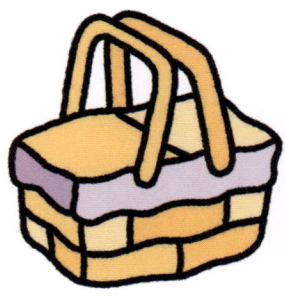

6 Píntala a tu gusto. ¡Ya es la hora de comer!

libro abierto

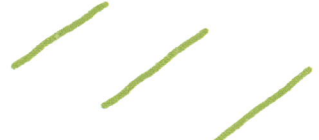

1 Primero haz tres líneas paralelas.

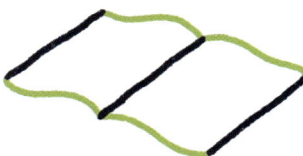

2 Traza cuatro líneas curvas para crear las páginas.

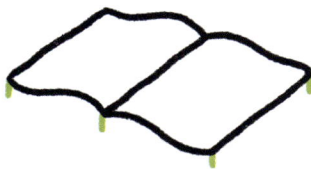

3 Añade cuatro trazos cortos para dar profundidad al libro.

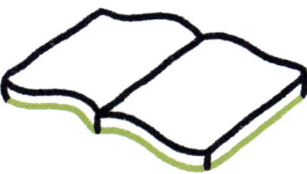

4 Dibuja estas tres líneas.

5 Después, crea una ilustración en una página.

6 Elige los colores y, por último, ¡píntalo!

osito sentado

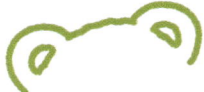

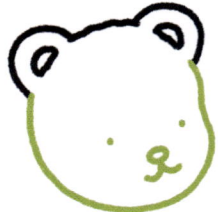

1 Dibuja las orejas y la peluda coronilla del osito.

2 Añade una carita adorable, con su nariz, su boca y sus ojos.

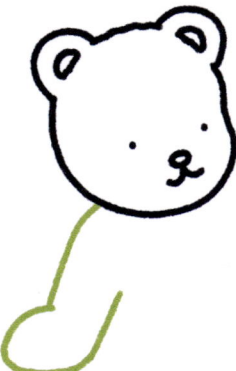

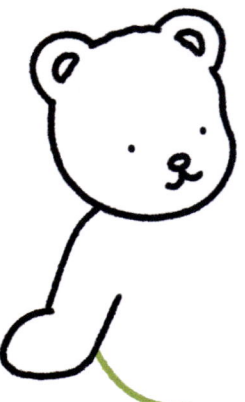

3 Traza el primer brazo para que pueda apoyarse.

4 A continuación, dibuja una línea curva como esta.

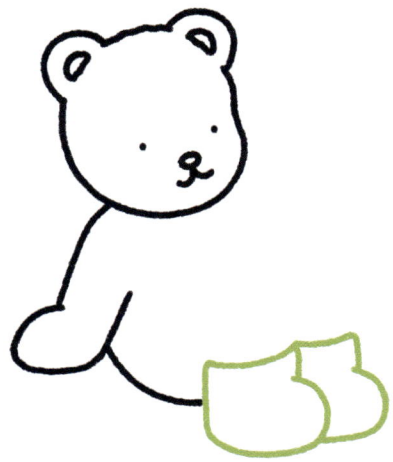

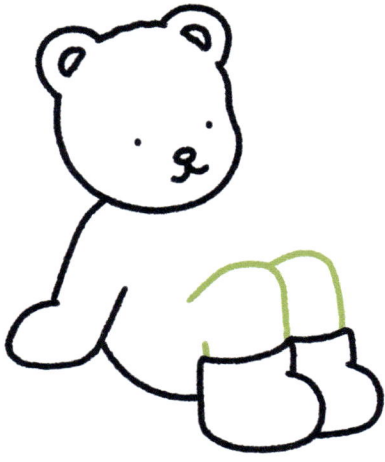

5 Ponle unas botas al osito. ¡Qué monas!

6 Dibújale las dos patas.

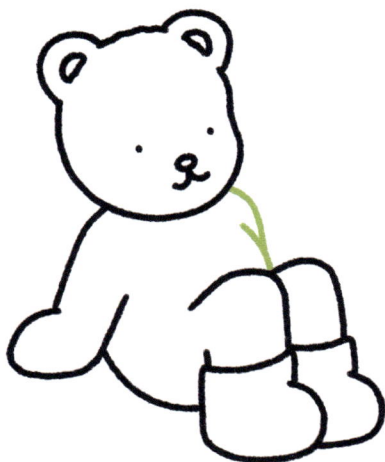

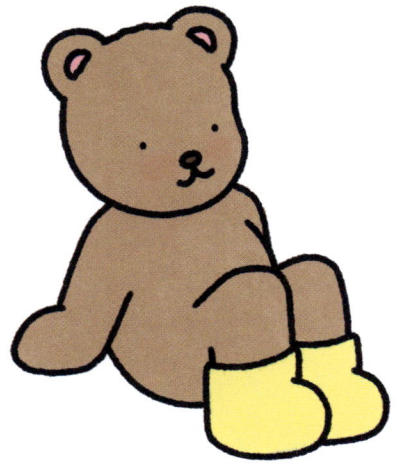

7 Por último, hazle el hombro y el brazo restantes.

8 Coloréalo. ¡Sencillamente adorable!

árbol frondoso

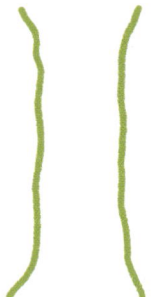

1 Crea un tronco bonito y robusto con dos líneas.

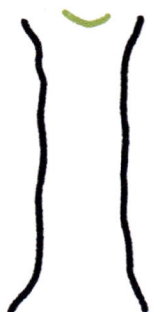

2 Añade una línea curva cortita.

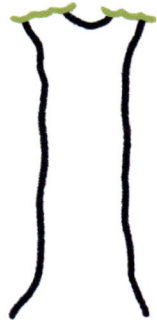

3 Traza estas dos líneas festoneadas.

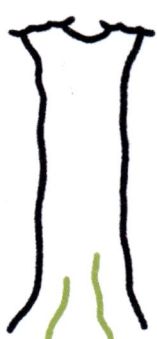

4 Haz varias líneas irregulares para crear las raíces.

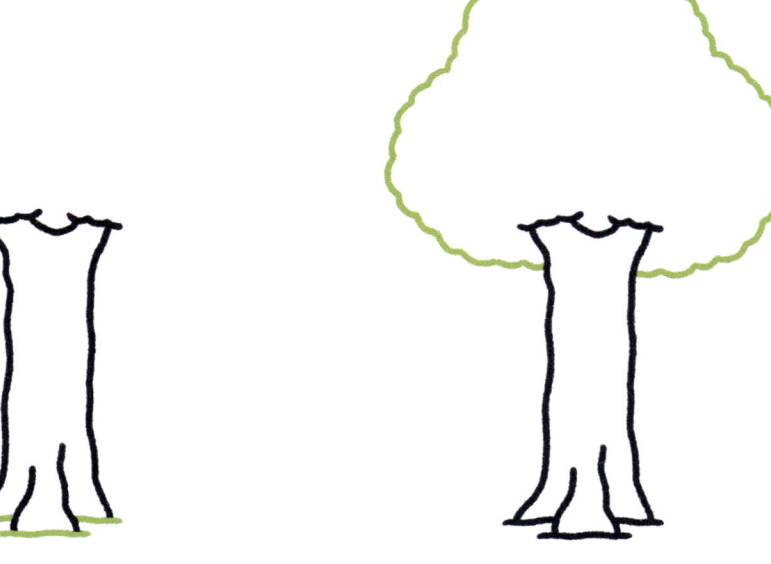

5 Dibuja tres líneas horizontales para formar el suelo en el que crece el árbol.

6 ¡Asegúrate de que sea bien frondoso!

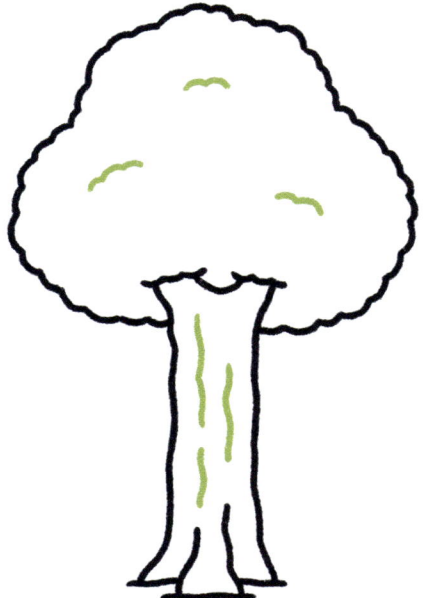

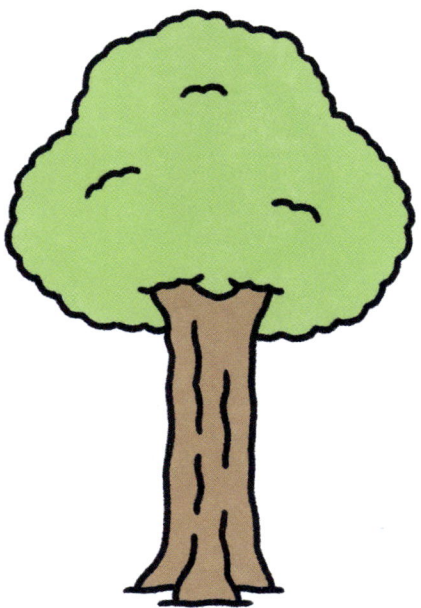

7 Añade las texturas del árbol.

8 Píntalo de tus tonos favoritos.

cestita de fresas

1 Primero dibuja la forma de dos fresas.

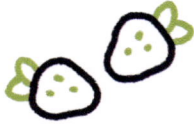

2 Hazles algunas semillas y hojas. ¡Son fresas recién cosechadas!

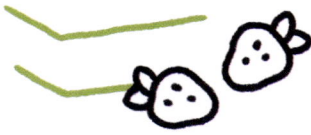

3 Empieza a dibujar la cestita.

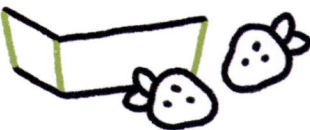

4 Termina la cestita trazando estas tres líneas verticales.

5 Añade las fresas restantes. ¡Parecen deliciosas!

6 Pinta el dibujo. Elige tonos rosas y rojos.

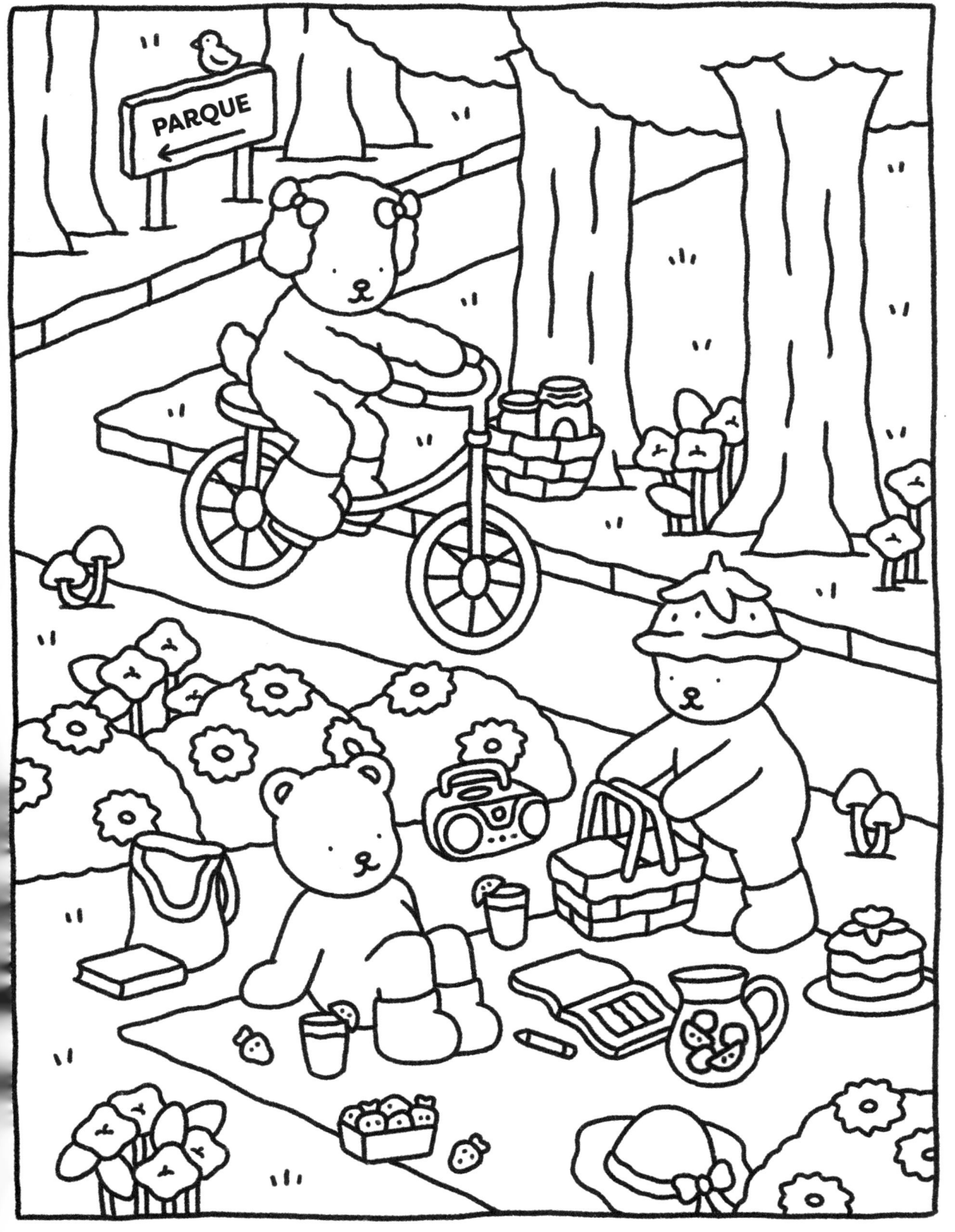

¡Aquí tienes lo que has pedido! Para poder terminar estos nuevos dibujos, ¡vas a necesitar un buen café! Esta acogedora cafetería tiene un osito adorable como dependiente y productos de bollería deliciosos, todo cosas que aprenderás a dibujar en las páginas siguientes. Si te apetece disfrutar de otro momento dulce, puedes colorear tu propia cafetería en la página 67.

PEQUEÑA CAFETERÍA FAMILIAR

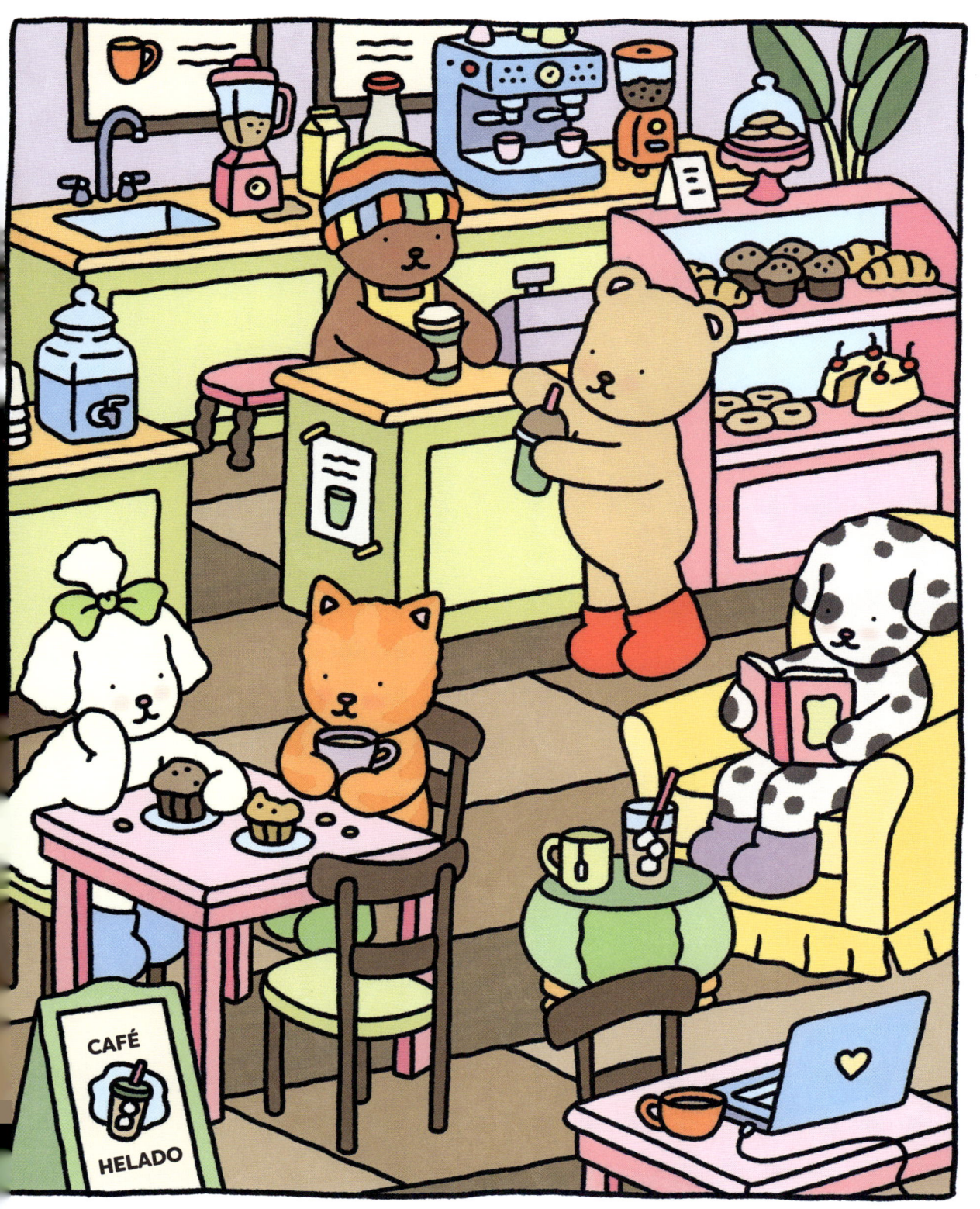

dependiente osito

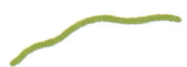

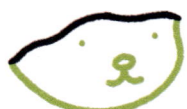

1 Primero traza una línea irregular, que será la base del gorrito de lana.

2 Después, dibuja la cara del osito. ¡Parece muy trabajador!

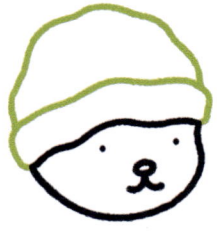

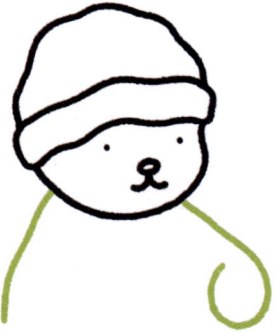

3 Con unas líneas onduladas, termina de dibujar la forma del gorro.

4 Haz estas dos líneas, una con el extremo alargado para crear una pata.

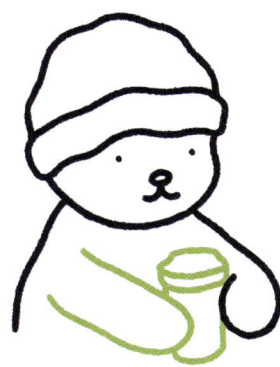

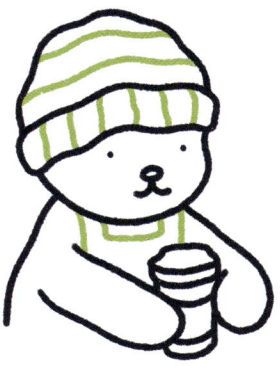

5 Añade el otro brazo y un vaso de café. ¡Aquí tienes lo que has pedido!

6 Traza unas líneas para completar el gorrito y luego dibuja el delantal.

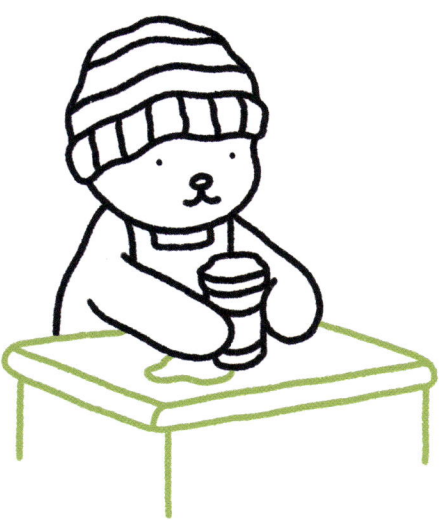

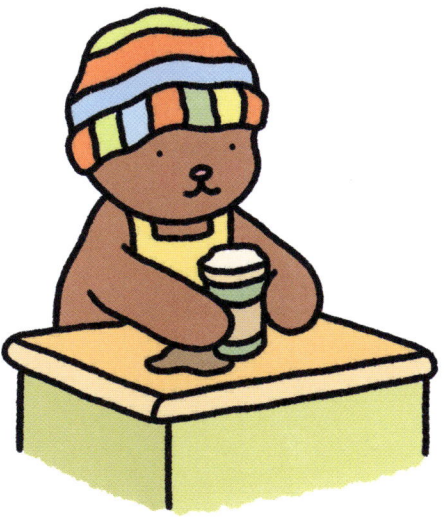

7 Dibuja el mostrador para que los clientes puedan recoger sus pedidos.

8 ¡Elige unos colores alegres para pintar al osito!

planta en maceta

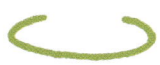

1 Traza un óvalo
abierto por arriba
para luego poder
añadir los tallos
de la planta.

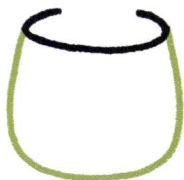

2 Dibuja el contorno
de la maceta en
forma de *U*.

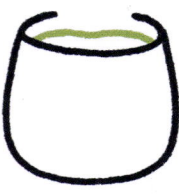

3 Añade un poco
de sustrato. ¡La
planta necesita
nutrientes!

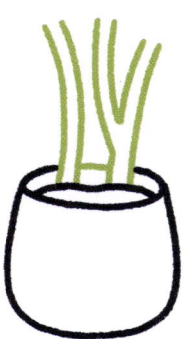

4 Dibuja los largos
tallos y completa
la maceta.

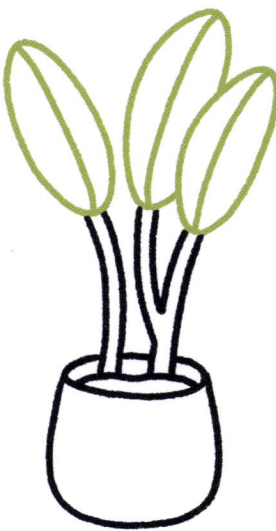

5 Para crear las hojas,
traza óvalos con
una línea central.

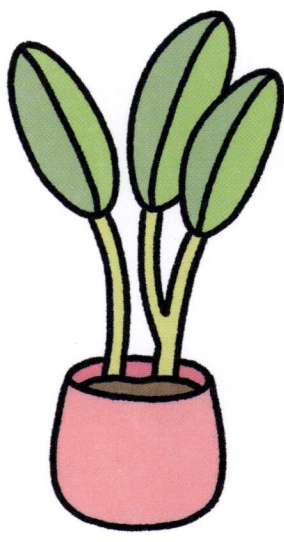

6 Coloréala.
¡Qué bonita!

batidora

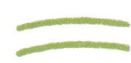

1 Traza dos líneas para empezar la tapa de la batidora.

2 Esboza la jarra con una línea en forma de *U*.

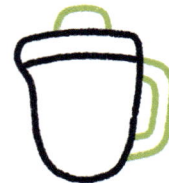

3 Dibuja el asa y la parte superior de la tapa.

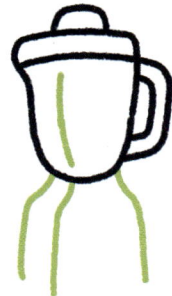

4 Añade estas líneas para crear la base y la textura a la jarra.

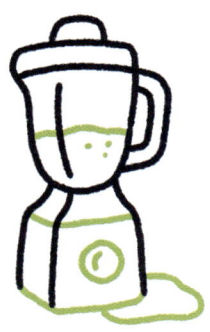

5 Termina la base, incluido el botón, y añade el batido.

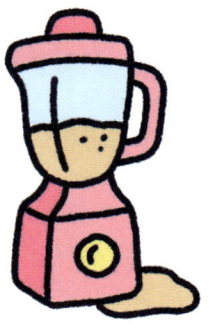

6 Pinta el dibujo. ¡Oh, no! ¡Se ha derramado un poco!

cómodo sillón

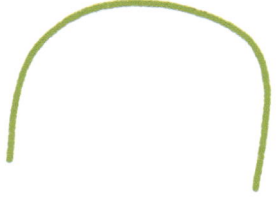

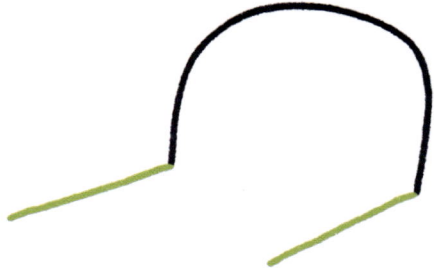

1. Primero haz una *U* invertida para crear el respaldo del sillón.

2. Añade dos líneas para formar la parte superior de los reposabrazos.

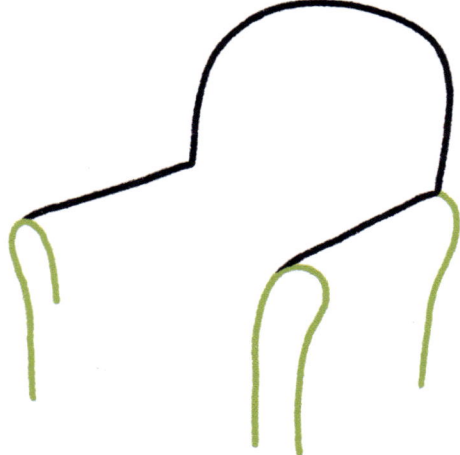

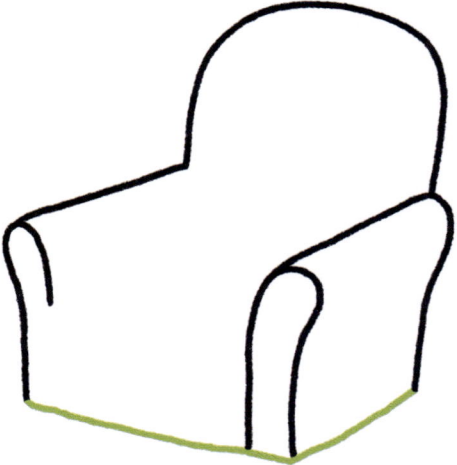

3. Dibuja estas líneas verticales curvadas para formar los laterales.

4. Traza la base del sillón con dos líneas rectas.

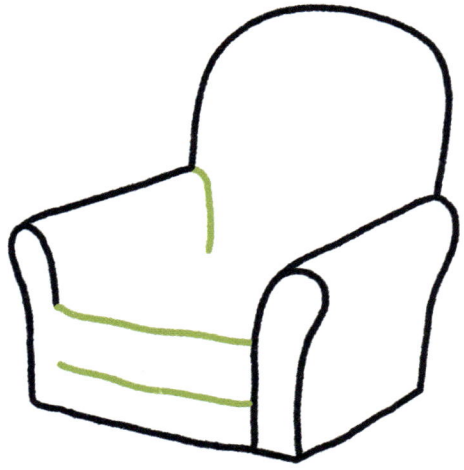

5 Completa el reposabrazos y empieza a dibujar el cojín del asiento.

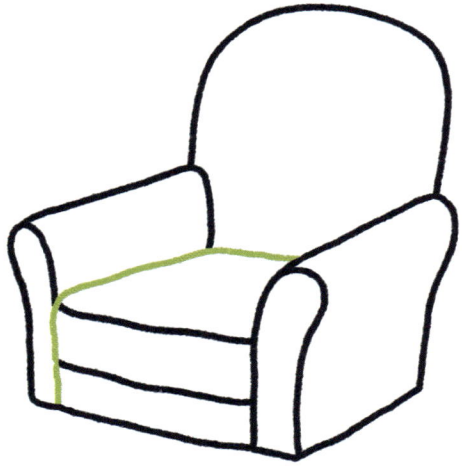

6 Termina de dibujar el cojín. ¡Es comodísimo!

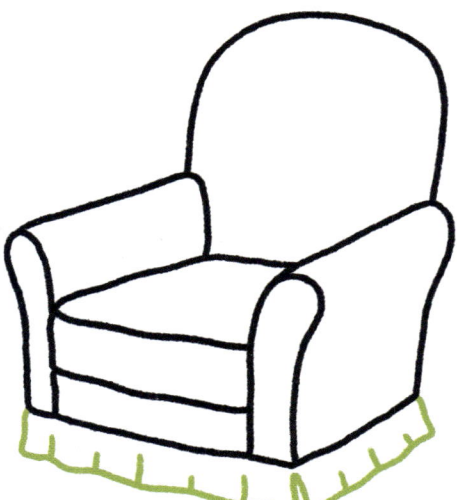

7 Añade el faldón de la parte inferior del sillón. No lo hagas muy largo ¡o parecerá un vestido!

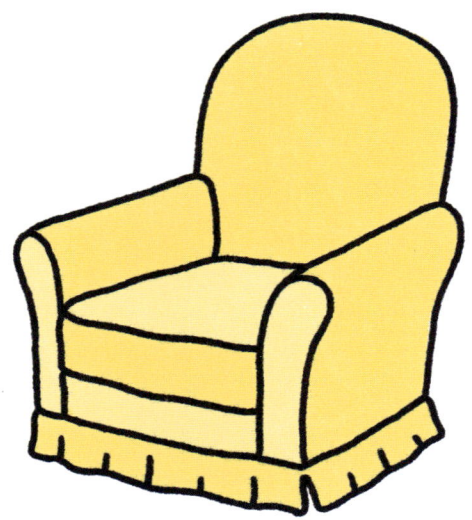

8 Por último, píntalo de bonitos colores.

expositor publicitario

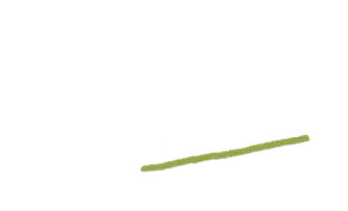
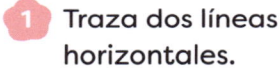

1 Traza dos líneas horizontales.

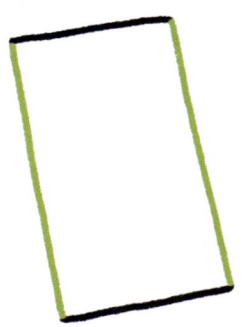

2 Añade dos líneas más para formar un rectángulo.

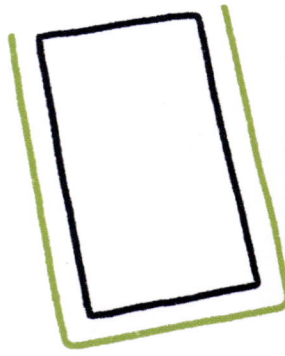

3 Empieza a dibujar el marco que rodea el cartel.

4 Después, añade la parte superior del marco y el soporte trasero.

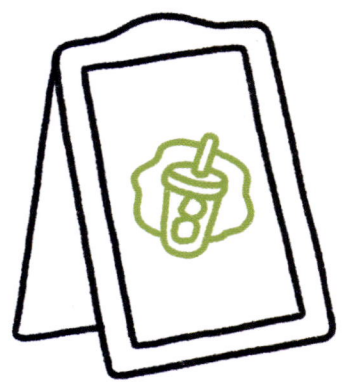

5 Dibuja una ilustración original en el cartel publicitario. ¡Oh! ¡Es un café helado!

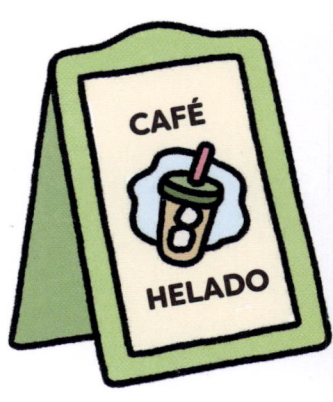

6 Por último, coloréalo.

cafetera

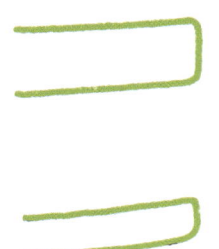

1 Dibuja dos rectángulos inacabados.

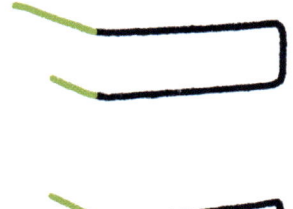

2 Después, añade estas cuatro líneas rectas inclinadas.

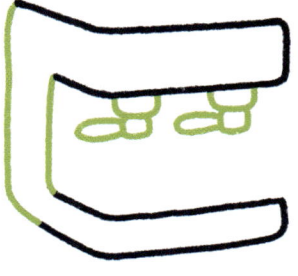

3 Haz las salidas del café y la parte trasera de la máquina.

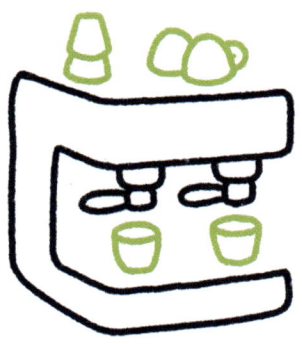

4 Dibuja varias tazas para poder preparar los cafés expresos. ¡Deliciosos!

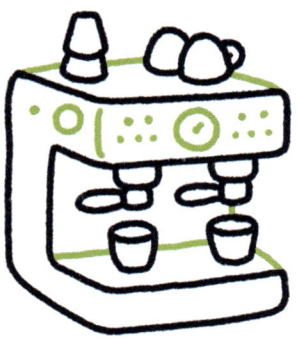

5 Añade los botones y las ruedas. Haz algunas líneas más, ¡y listo!

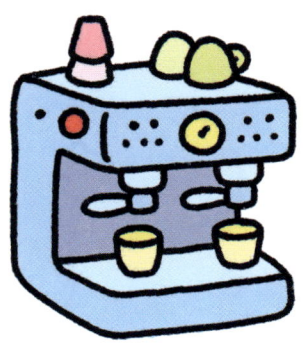

6 Por último, ¡dale color!

té y café

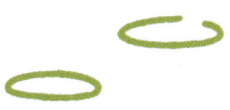

1 Dibuja dos óvalos, uno con una abertura para luego poner una pajita.

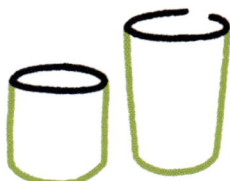

2 Traza el contorno del vaso y de la taza.

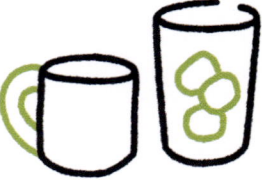

3 Añade el asa y el hielo.

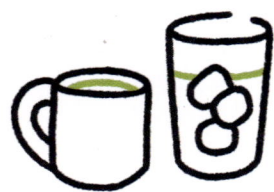

4 Llena la taza de té y el vaso de café. ¡Mmmm!

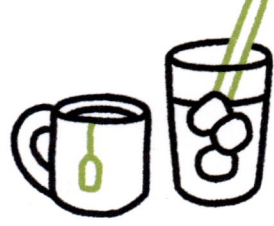

5 Dibuja la etiqueta de la bolsita de té para saber de qué sabor es, y la pajita para dar sorbitos al café.

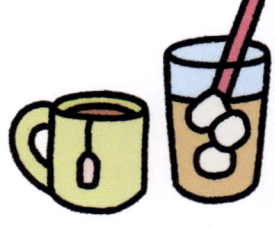

6 Elige varios tonos deliciosos para coloréalos.

bollería

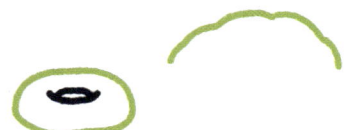

1 Primero traza un óvalo pequeño, que será el agujero de la rosquilla.

2 Dibuja el resto de la rosquilla y un línea curva con pequeños arcos, que será el ligero y crujiente cruasán.

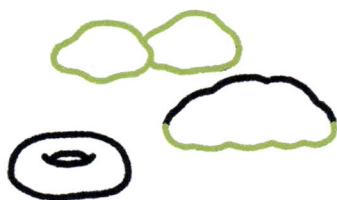

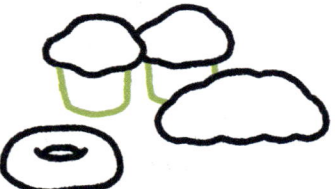

3 Dibuja los copetes de las magdalenas dándoles forma de nube y termina de el cruasán.

4 Añade la base de las magdalenas.

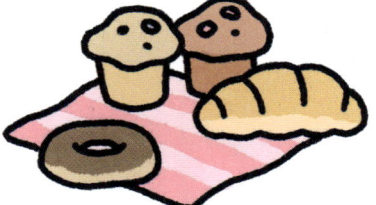

5 Haz la servilleta y los detalles finales. ¡Se me hace la boca agua!

6 Por último, píntalo todo de dulces colores. ¡Me pido la rosquilla!

portátil

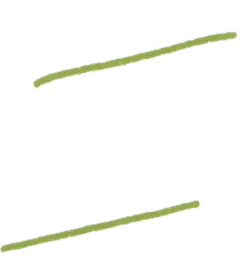

1 Primero traza dos líneas paralelas.

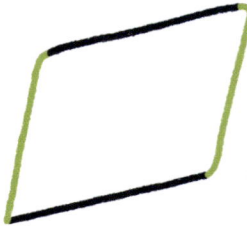

2 Completa la pantalla del portátil haciendo dos líneas verticales.

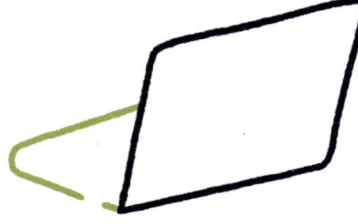

3 Dibuja una línea curva con una abertura.

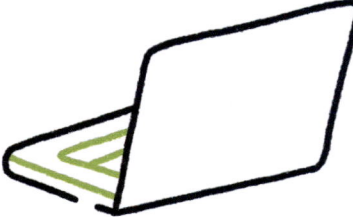

4 Traza estas líneas para crear el teclado.

5 Por último, añade el cable y un precioso logo en forma de corazón.

6 Pinta el dibujo. Y, ahora, ¿dónde está el enchufe?

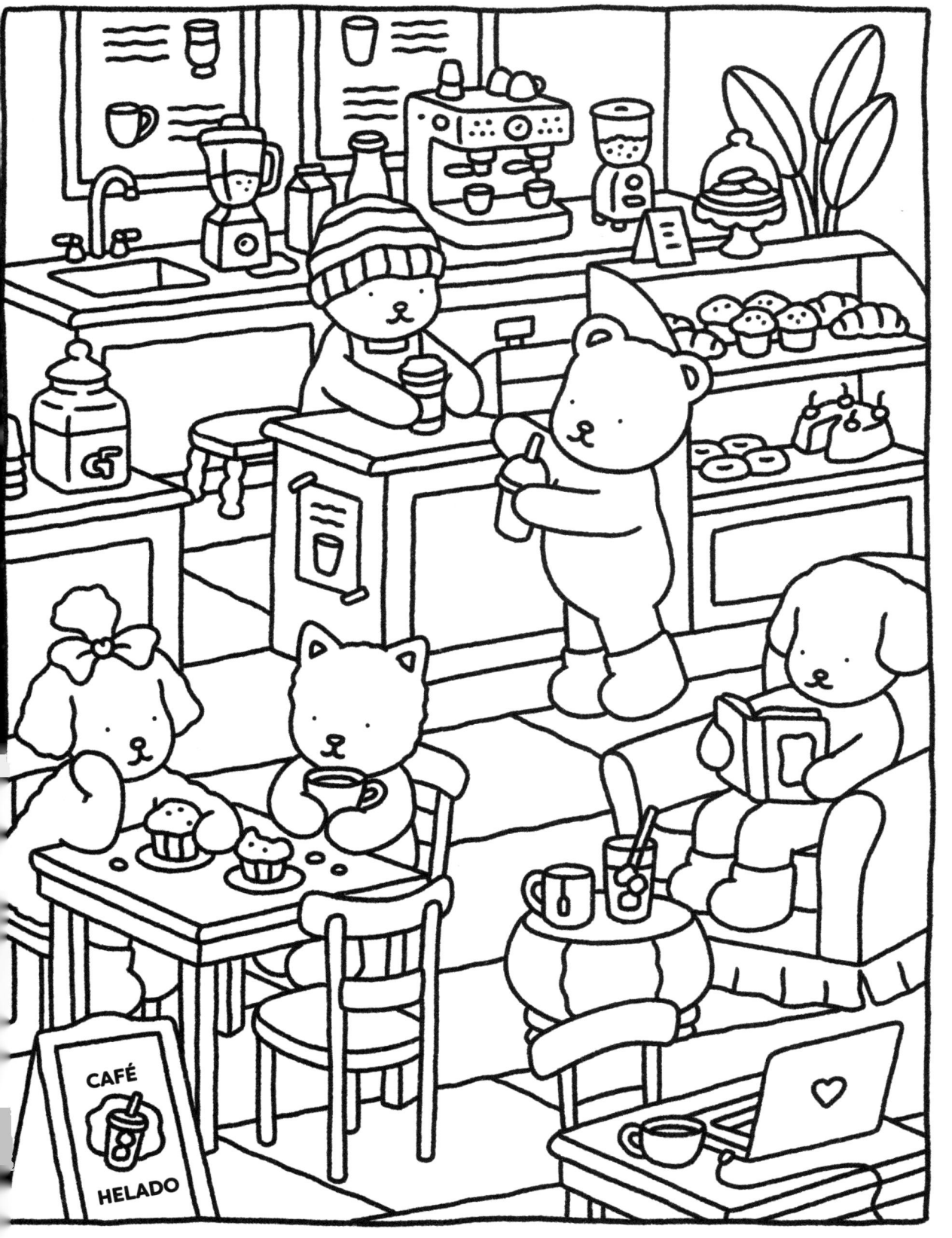

Parece que están llamando por teléfono.
¡Oh! ¡Es para ti! Te comunican que hay
más dibujitos que puedes aprender
a hacer. Aunque este dormitorio está
un pelín desordenado, contiene varias
cosas que podrás dibujar en las páginas
siguientes. Cuando acabes, te espera un
dibujo para colorear en la página 81.
¡No te olvides de recogerlo todo!

DORMITORIO CON UN DESORDEN ACOGEDOR

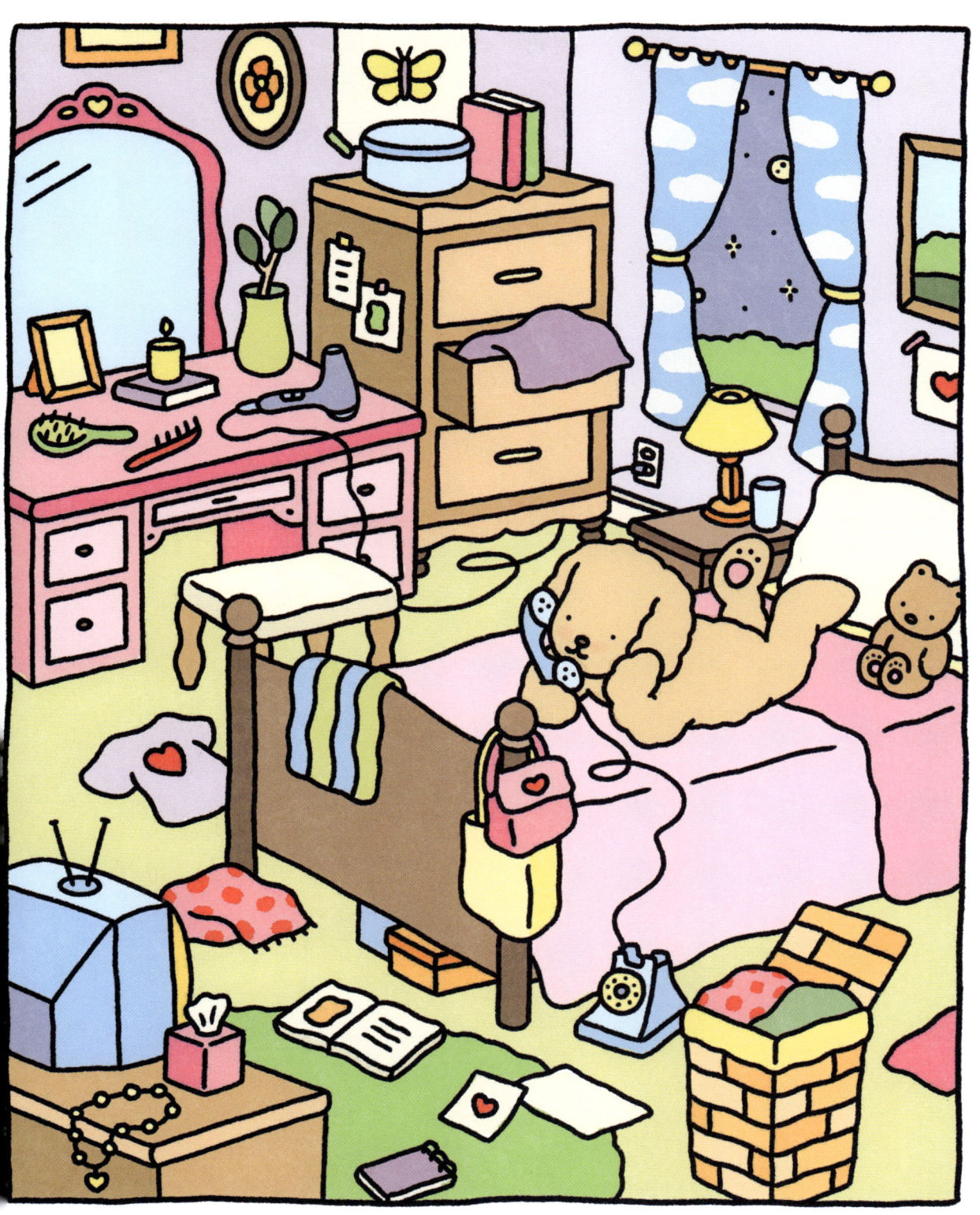

cama cómoda

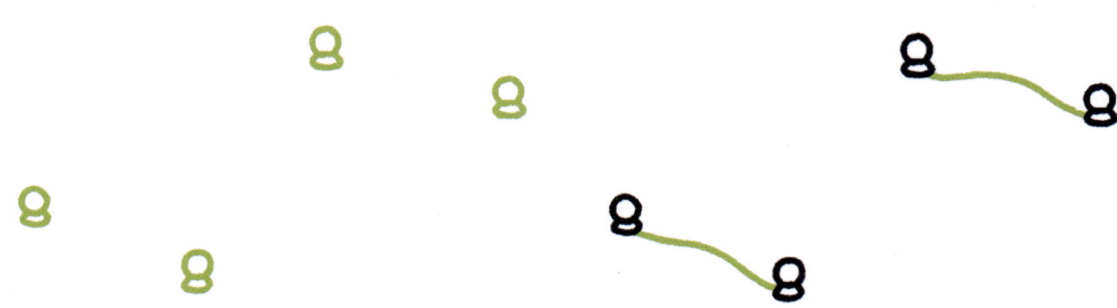

1. Primero dibuja los remates de los postes de la cama.

2. Añade la línea superior del cabecero y del pie de cama.

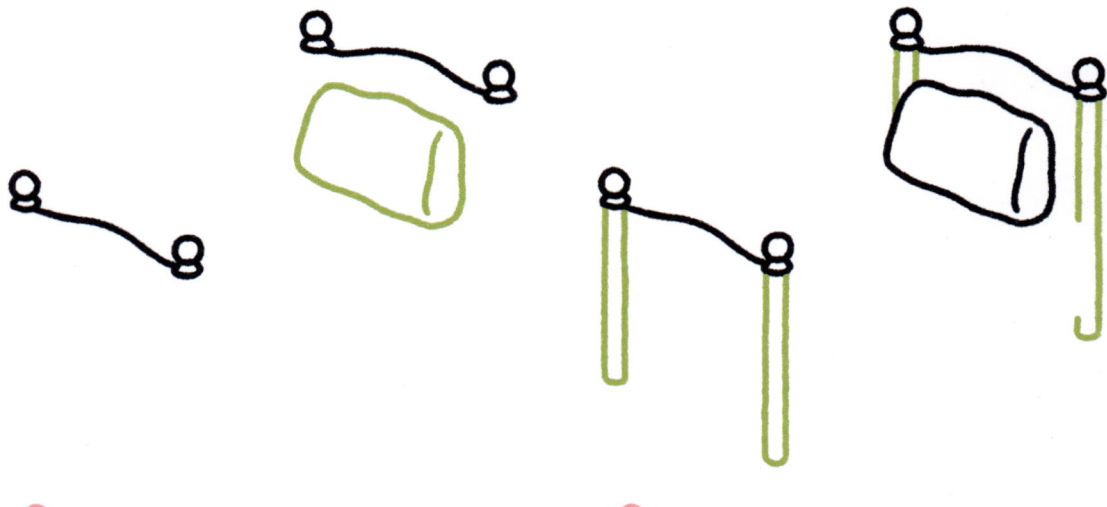

3. Después, haz una almohada mullida. ¡Qué blandita y suave!

4. Dibuja los cuatro postes de la cama.

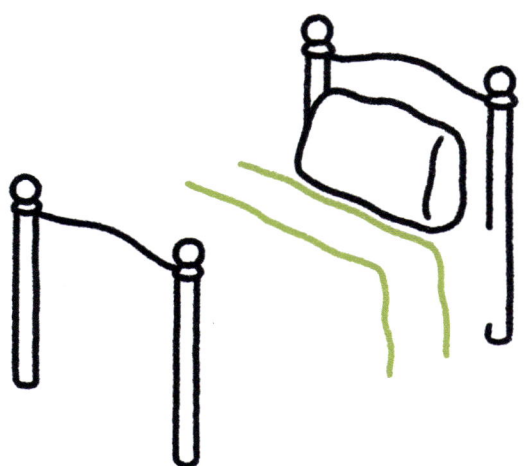

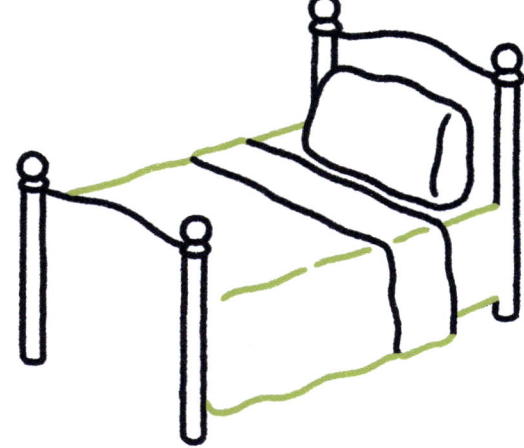

5 Empieza a dibujar la colcha. Asegúrate de que la parte superior está bien doblada.

6 Traza estas líneas para completar la colcha.

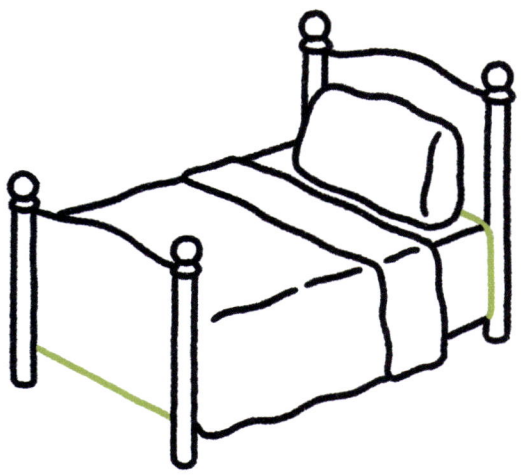

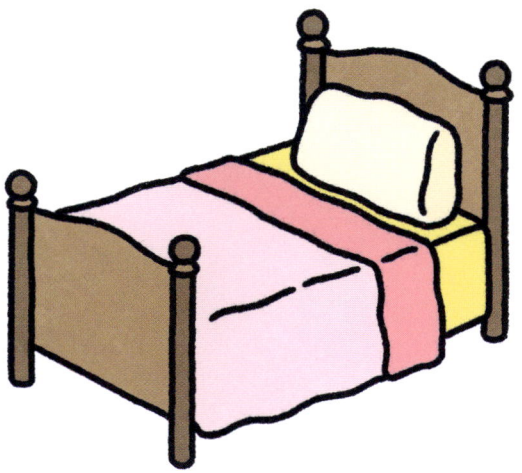

7 Haz la parte inferior del pie de cama y completa el colchón.

8 Pinta la cama de tus colores favoritos. Parece ideal para echarse una siesta, ¿no?

teléfono

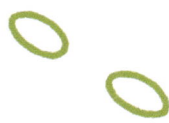

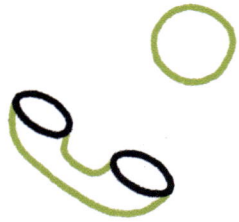

1 Estos dos círculos son un buen punto de partida.

2 Añade el auricular y otro círculo.

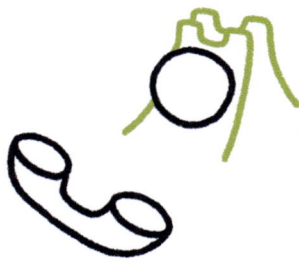

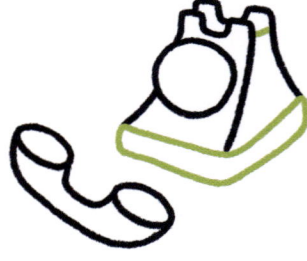

3 Después, traza la forma del cuerpo del teléfono.

4 Dibuja la base tal como se muestra.

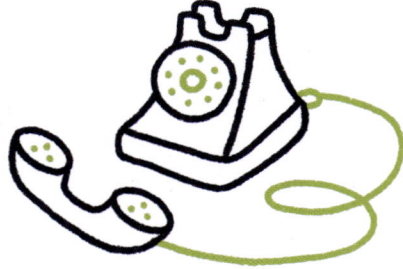

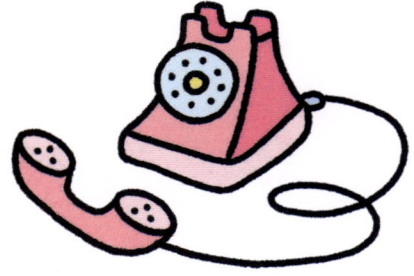

5 Haz el cable, los botones de la rueda de marcar y los puntos del auricular. ¡Es de estilo retro!

6 Píntalo de colores inusuales.

bolsito mono

1 Primero dibuja el asa del bolsito.

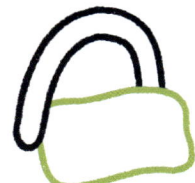

2 Traza un rectángulo redondeado debajo del asa, que será la solapa.

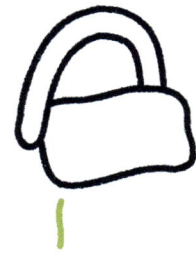

3 Añade esta línea. ¡Será un bolso pequeño!

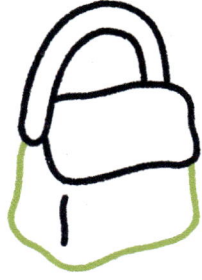

4 Después, crea la base del bolso. Hazla lo suficientemente amplia para poder guardar varias cosas.

5 Dibuja el corazón.

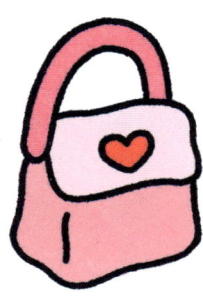

6 ¡Píntalo de colores llamativos para demostrar que estás a la moda!

cesta de la ropa sucia

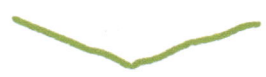

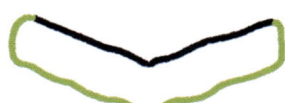

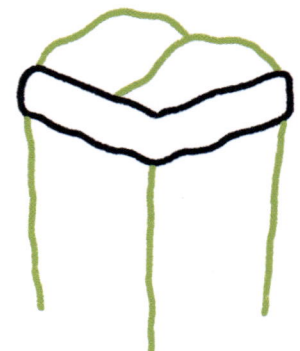

1 Comienza haciendo la parte superior de la cesta.

2 Añade una línea irregular como esta.

3 Esboza el montón de ropa sucia y, con tres líneas, forma el cuerpo de la cesta.

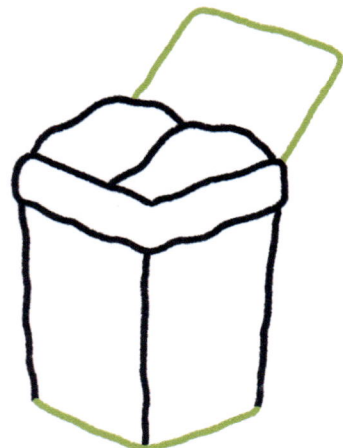

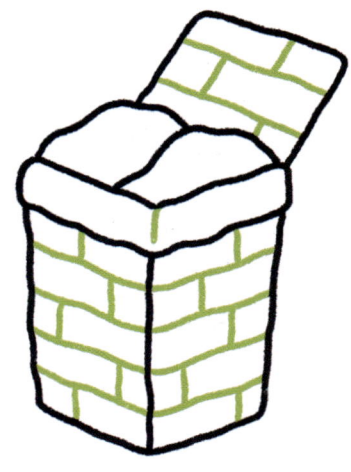

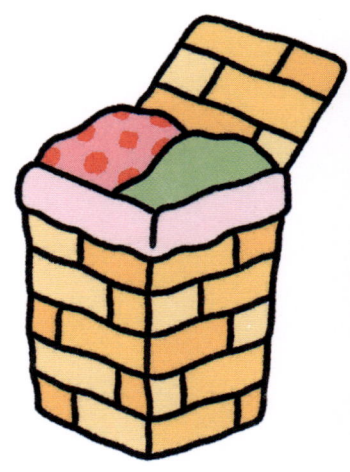

4 Dibuja la tapa y la base de la cesta.

5 Haz estas líneas. Oh, ¡es de mimbre!

6 Pinta el dibujo.

osito de peluche

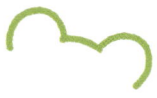

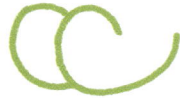

1 Dibuja las dos orejas redondeadas. ¡Qué monada!

2 Haz el resto de la cabeza, la naricita chata y los adorables ojitos.

3 Dibuja las dos patas traseras del osito.

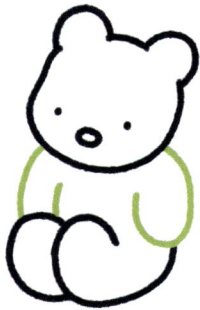

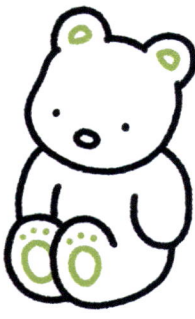

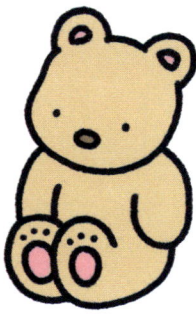

4 Después, añade las delanteras. ¡Perfecto para abrazar!

5 Introduce los detalles finales.

6 Píntalo de los colores que creas que le quedan mejor.

perrita al teléfono

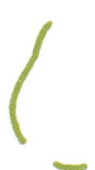

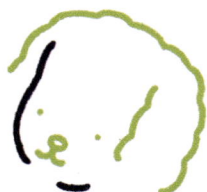

1 Primero traza estas dos líneas de la cabeza.

2 Después, dibuja la cara y parte de las peludas orejas.

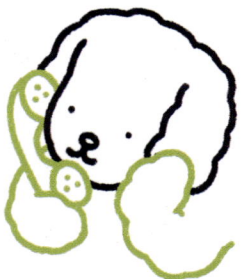

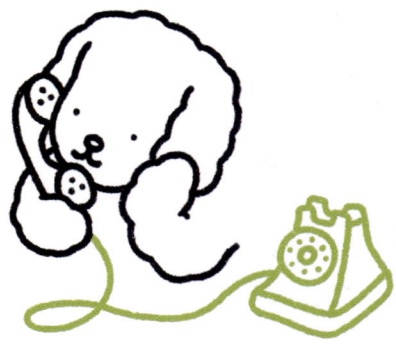

3 Dibuja el auricular de la página 72 y dos patitas de la perrita. ¿Con quién estará hablando?

4 Añade el cable y el teléfono de la página 72.

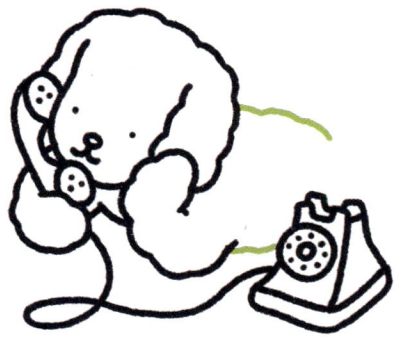

5 Traza estas dos líneas para crear el cuerpo de la perrita.

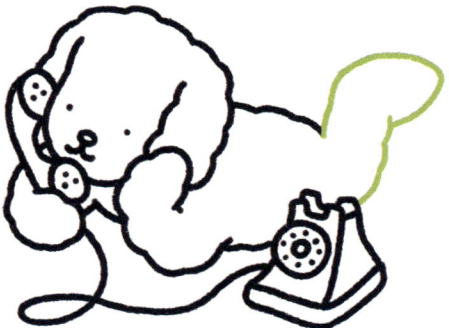

6 Dibuja una pata trasera unida al resto del cuerpo.

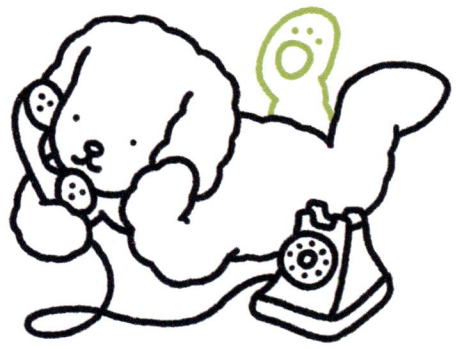

7 Después, dibuja la otra pata trasera con las adorables almohadillas.

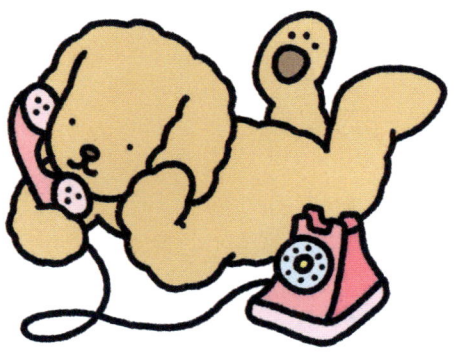

8 Coloréala. ¡Es una monada!

lámpara

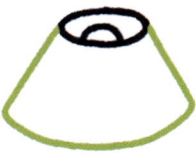

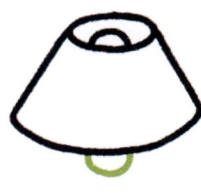

1 Primero dibuja dos óvalos, uno dentro del otro.

2 Añade dos líneas rectas y una curvada.

3 Para crear el pie, primero haz un semicírculo y una línea curva.

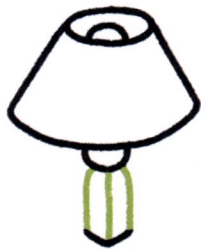

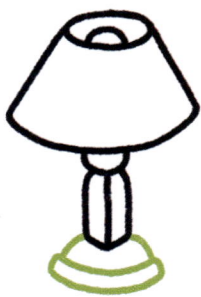

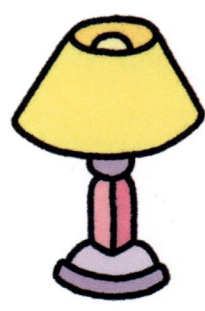

4 Después, traza estas tres líneas verticales.

5 Termina de dibujar el pie.

6 Coloréala. ¡A todo el mundo le gusta una lámpara que alumbre bien!

cepillo y peine

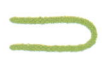

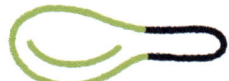

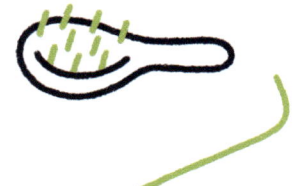

1 Primero dibuja el mango del cepillo.

2 Añade la cabeza del cepillo dándole la forma de una cuchara.

3 Traza las cerdas y empieza a hacer el mango del peine.

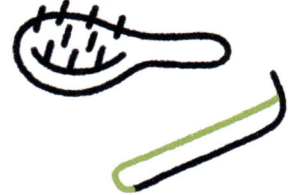

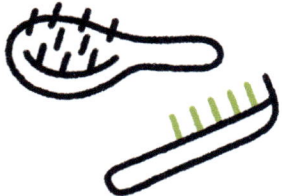

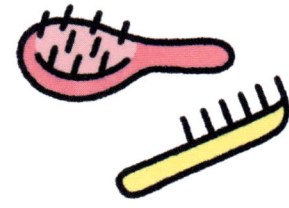

4 Añade esta línea para completar el mango del peine.

5 Hazle las púas.

6 Elige dos colores bonitos para pintarlos.

secador

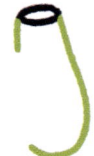

1 Traza un óvalo pequeño para crear la abertura de salida del aire.

2 Dibuja el tubo del secador.

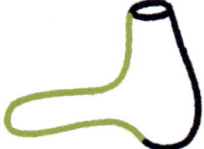

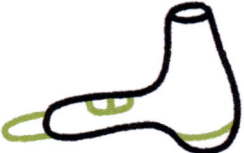

3 Añade el mango.

4 Haz los botones y el inicio del cable.

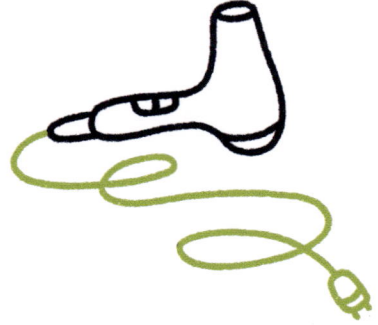

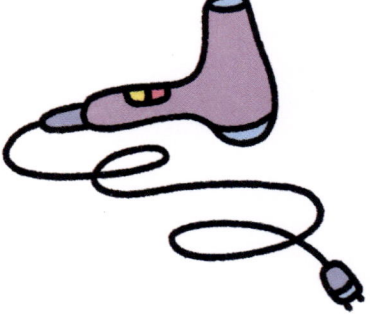

5 Traza el ondulante cable. ¡Asegúrate de que no se enreda!

6 Por último, píntalo de tu color favorito.

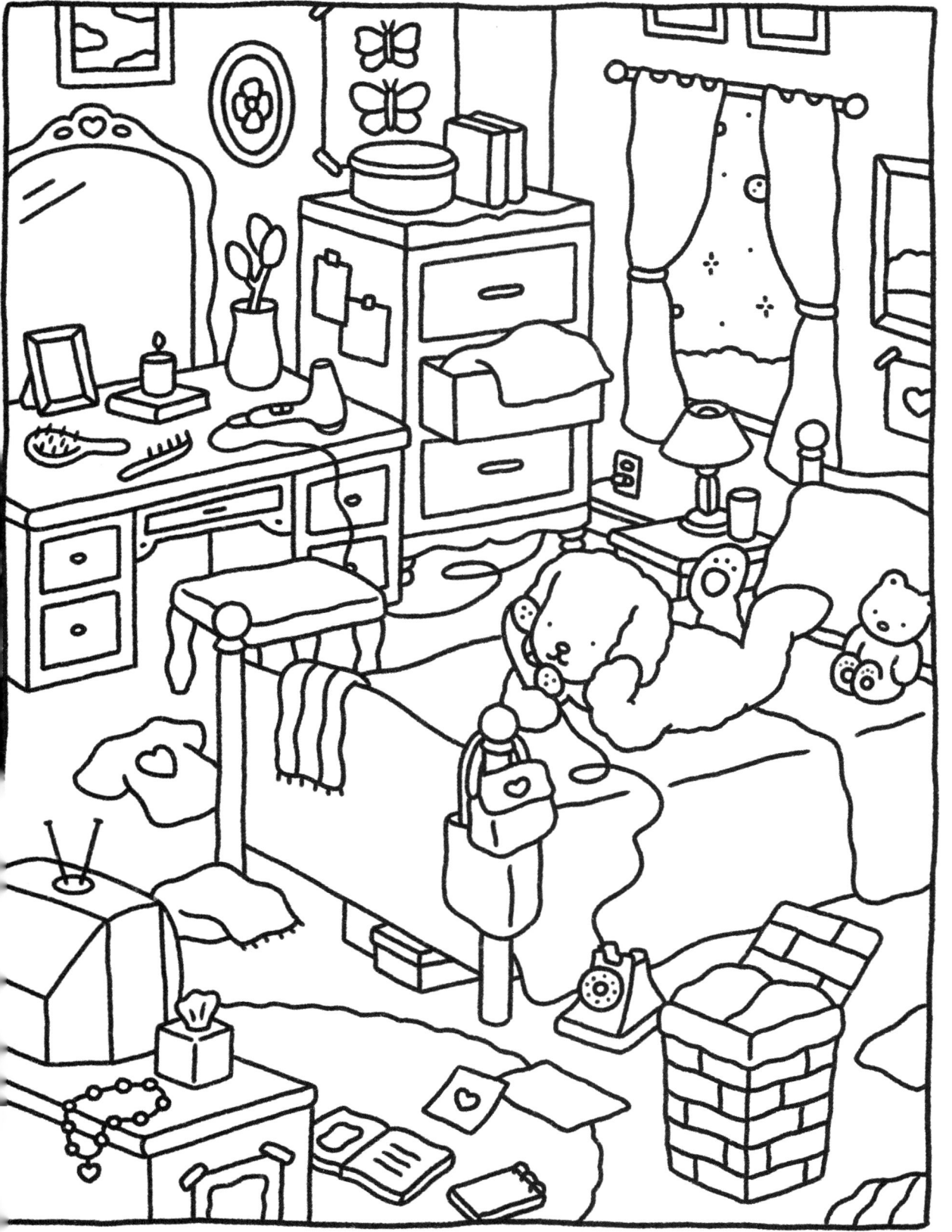

¡La siguiente tanda de dibujos es de lo más refrescante! Una bebida fresquita, un sabroso tentempié y protectores solares son solo algunas de las cosas que dibujarás para organizar un día de piscina espectacular. ¡Elige tus colores veraniegos preferidos para pintar el dibujo de la página 97!

DÍA VERANIEGO EN LA PISCINA

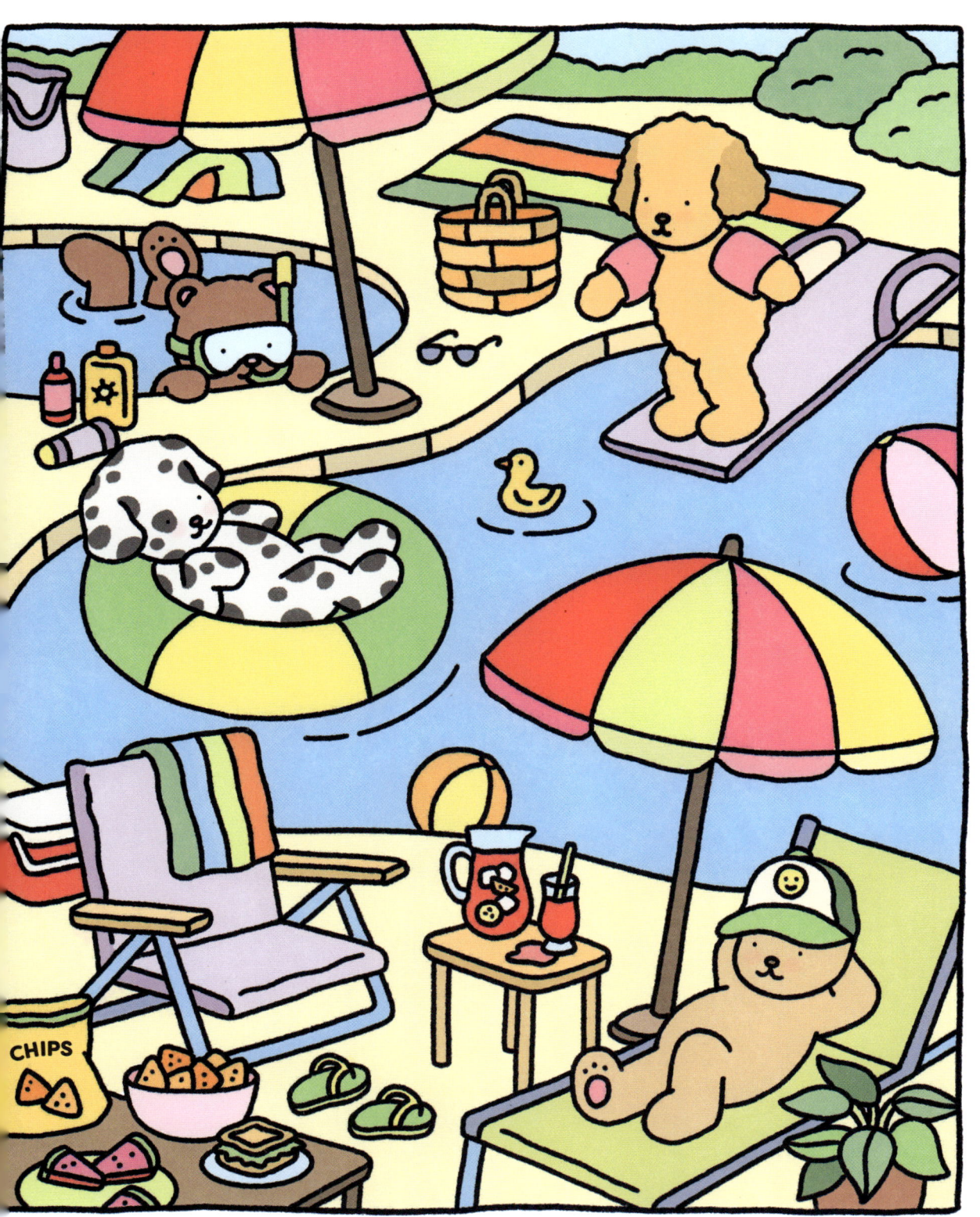

silla de playa

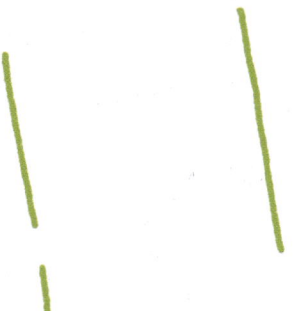

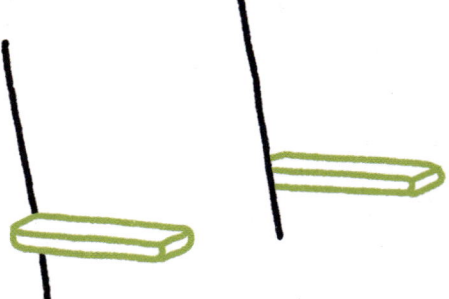

1 Primero haz dos líneas paralelas, una con una abertura cerca del extremo inferior.

2 Después, dibuja los reposabrazos de la silla en forma de listones.

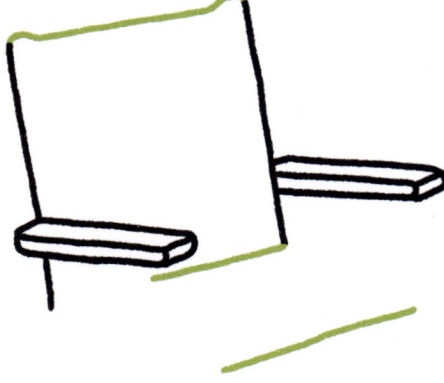

3 Añade más líneas paralelas para empezar a crear el asiento y el respaldo de la silla.

4 Comienza la pata delantera de la silla dibujando dos líneas paralelas con curvas.

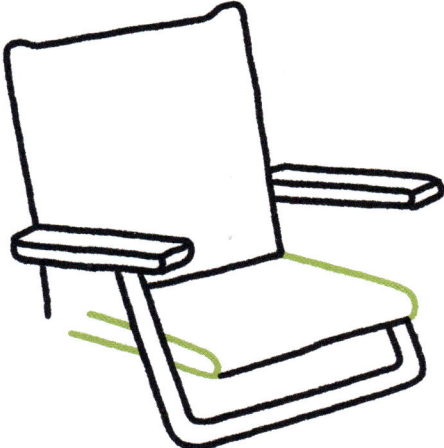

5 Traza estas líneas para formar el asiento acolchado.

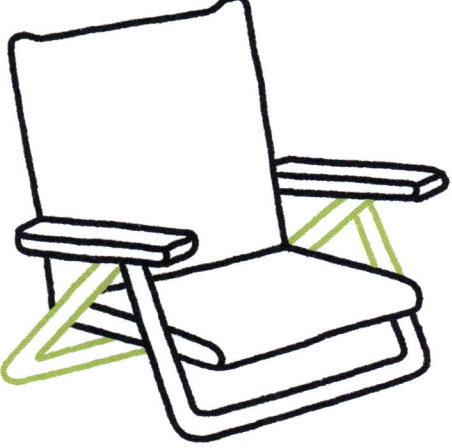

6 Termina de hacer las patas de la silla uniéndolas a los reposabrazos.

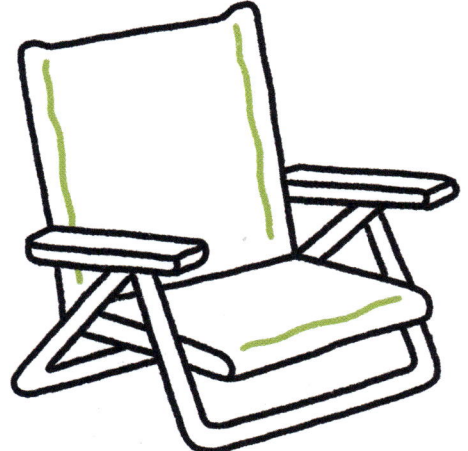

7 Añade estas líneas irregulares para crear la textura de la silla.

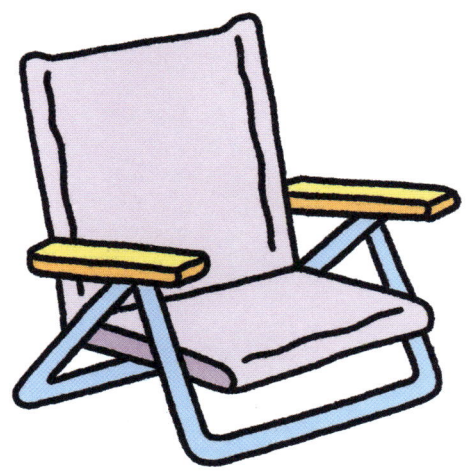

8 Coloréala, ¡y listo!

chanclas

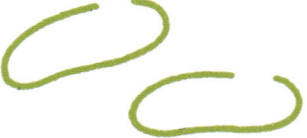

1 Dibuja las suelas imitando la forma de dos alubias pero con una pequeña abertura.

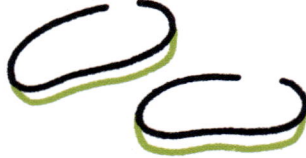

2 Después, añade estas líneas en la parte inferior.

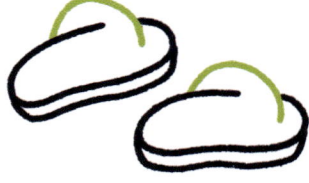

3 Haz la primera tira de cada chancla con una línea curva.

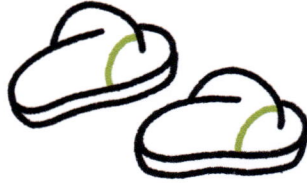

4 Dibuja las segundas tiras trazando, en cada chancla, una línea curva que vaya de la suela a la primera tira.

5 Une las tiras cerrando las aberturas iniciales.

6 ¡Pinta el dibujo!

ponche de frutas

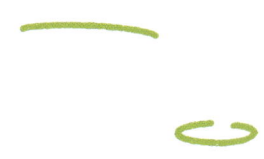

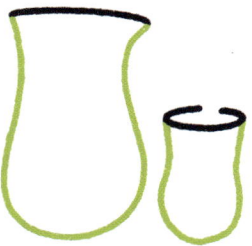

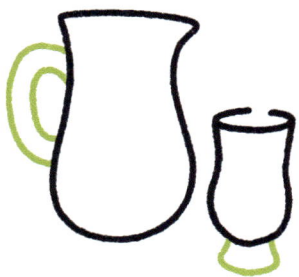

1 Primero traza una línea curva y un óvalo inacabado.

2 Después, dibuja el contorno de la jarra y de la copa con dos formas acampanadas alargadas.

3 Añade el asa de la jarra y el pequeño pie de la copa.

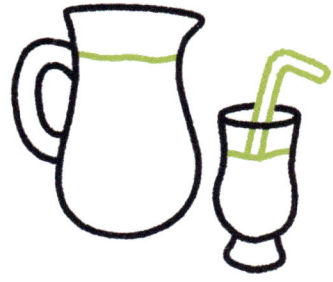

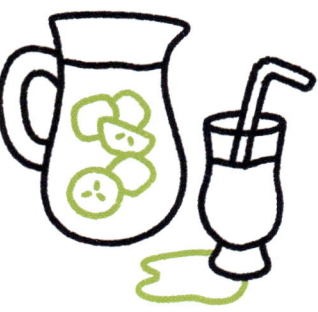

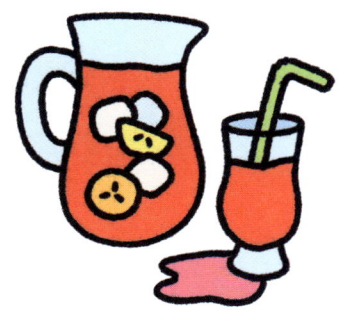

4 ¡No te olvides de la pajita y de llenar la jarra con un sabroso ponche!

5 Dibuja algunos trozos de fruta y varios cubitos de hielo. ¡Parece que alguien ha tenido un pequeño accidente!

6 Coloréalo. ¡Qué refrescante!

sombrilla

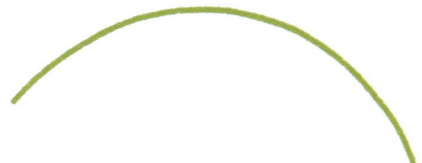

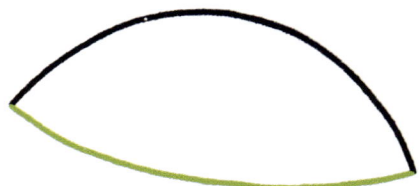

1 Primero traza una
gran línea curva.

2 Añade otra línea curva
uniendo los extremos
a los de la primera.

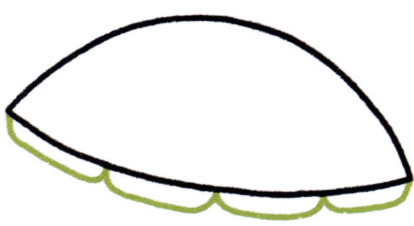

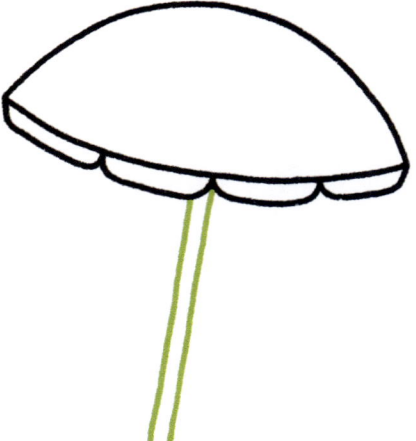

3 Dibuja el borde festoneado
de la sombrilla. ¡Qué bonita!

4 Para hacer el mástil, traza
dos líneas paralelas algo
inclinadas.

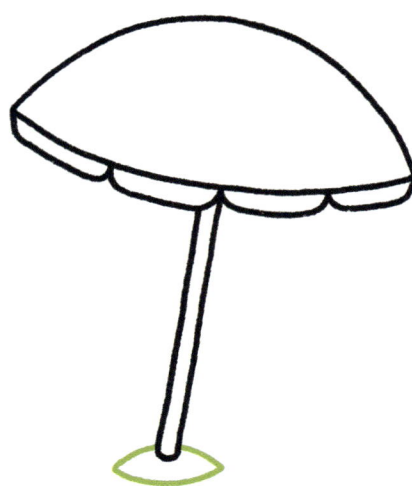

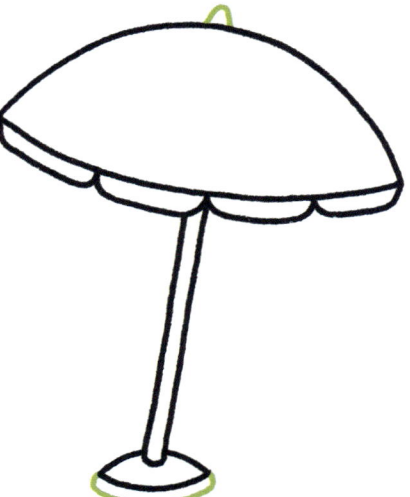

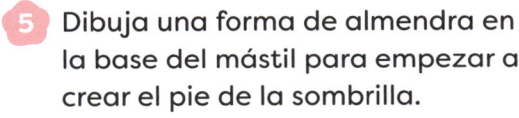

5 Dibuja una forma de almendra en la base del mástil para empezar a crear el pie de la sombrilla.

6 Añade el borde del pie y la punta de la sombrilla.

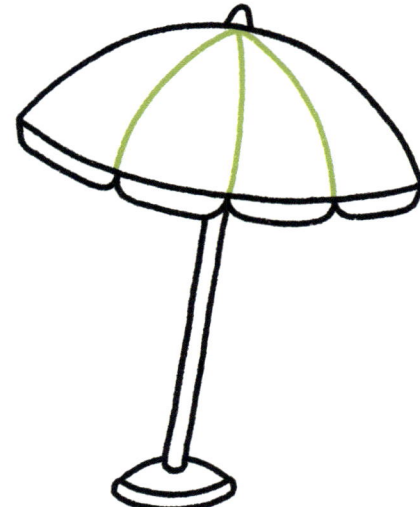

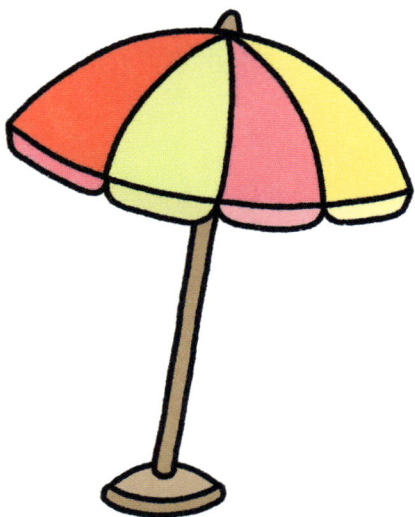

7 Dibuja las franjas.

8 Píntala de colores llamativos.

bolsa de patatas chips

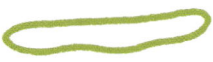 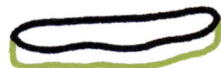 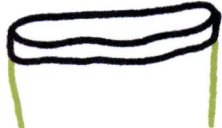

1 Primero dibuja la abertura de la bolsa. Hazla lo suficientemente abierta como para poder coger algunas patatas.

2 Después, traza una línea paralela a la parte inferior de la abertura.

3 Añade estas dos líneas para dar forma a la parte superior de la bolsa.

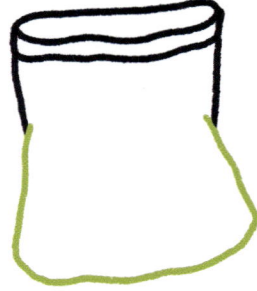 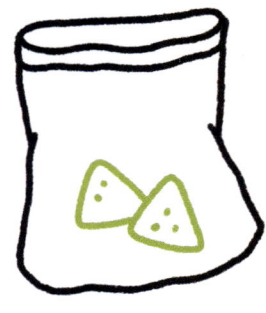 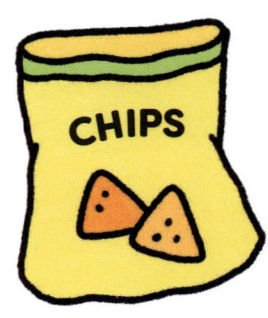

4 Dibuja el contorno restante de la bolsa en forma de *U* arrugada.

5 A continuación, haz el logo. ¡Qué buena pinta!

6 Colorea el dibujo. ¿Qué sabor tendrán?

gorra

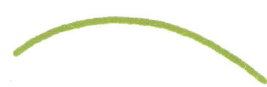

1 Primero haz una sencilla línea curva.

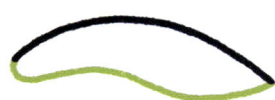

2 Debajo, traza una línea ondulada para crear la visera de la gorra.

3 Después, dibuja la parte delantera de la gorra con una línea curvada como esta.

4 Añade otra línea que conecte la parte superior de la gorra con un extremo de la visera.

5 Dibuja el botón y una carita sonriente. ¡Estupendo!

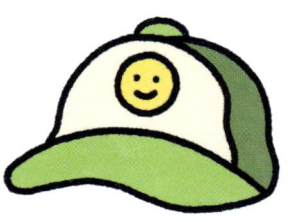

6 Colorea la gorra.

osito tumbado

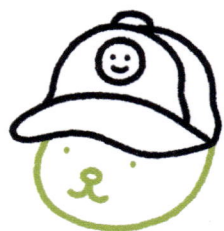

1 Primero dibuja la gorra que has aprendido a hacer en la página 91.

2 Añade la simpática carita.

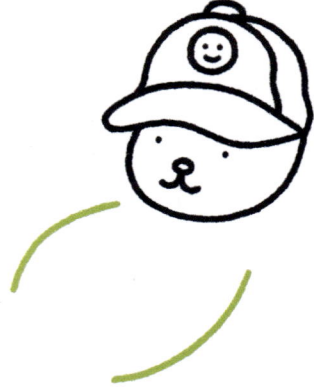

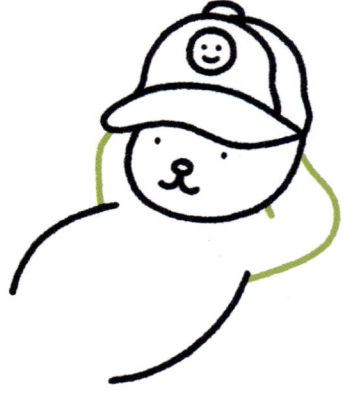

3 Esboza la barriga del osito con dos líneas curvas.

4 Hazle los brazos por detrás de la cabeza para mostrar que está relajado.

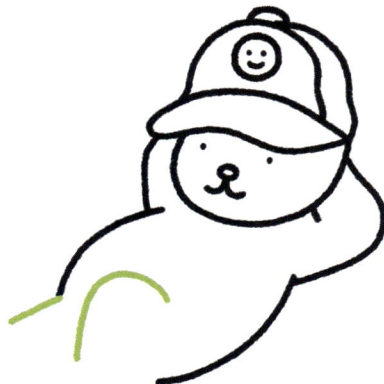

5 Añade estas dos líneas para empezar a dibujar las patas.

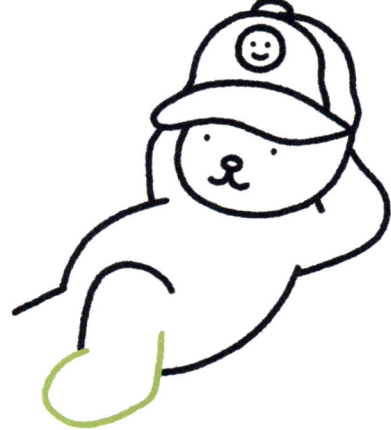

6 Termina la primera pata.

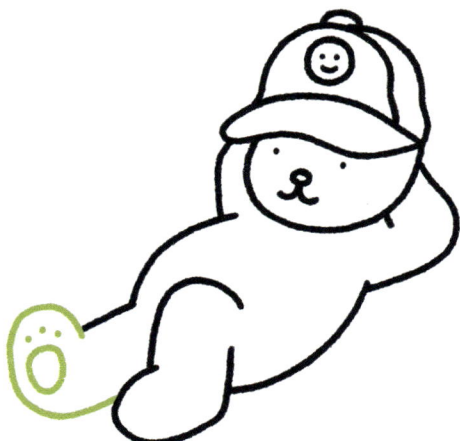

7 Después, completa la segunda pata y añádele las adorables almohadillas.

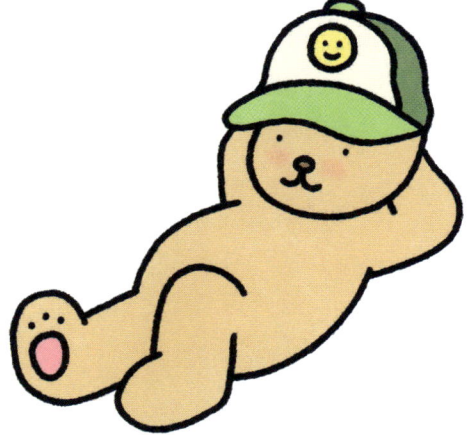

8 Coloréalo. ¡Esto sí que es vida!

perrito en un flotador

1 Primero haz una línea curva.

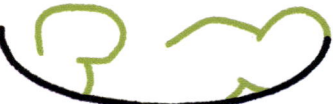

2 Junto a la línea, dibuja las patas delantera y trasera derechas.

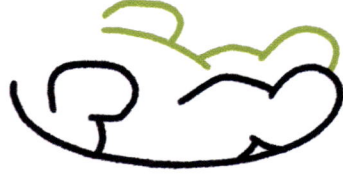

3 Añade las otras dos patas y la barriguita. ¡Monísimo!

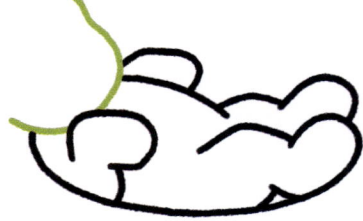

4 Haz la parte inferior de la cabeza dándole una forma acampanada.

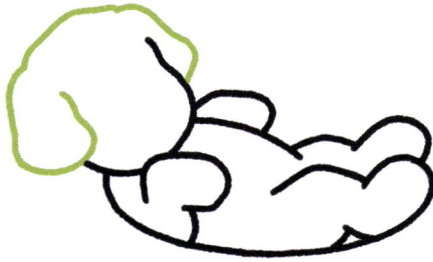

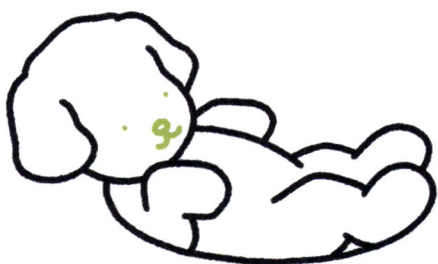

5 Dibújale las orejas y el resto de la cabeza para poder acariciarlo.

6 ¡Añádele la naricita, la boca y los ojos!

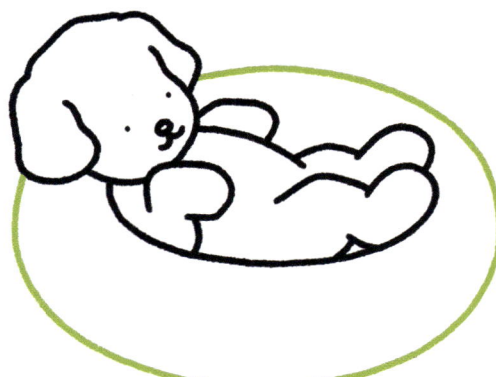

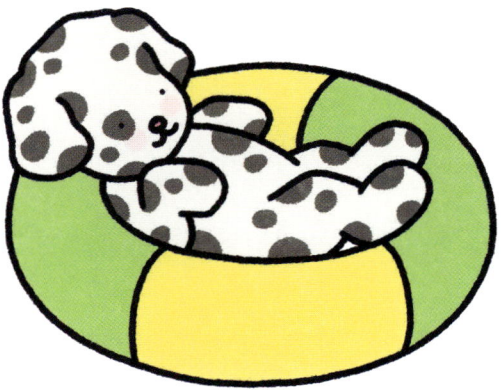

7 A continuación, termina de dibujar el flotador.

8 Píntalo de colores veraniegos. ¡Oh-oh...! ¡El perrito se ha quedado atascado!

protección solar

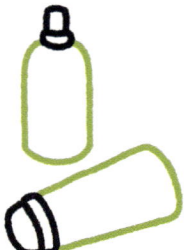

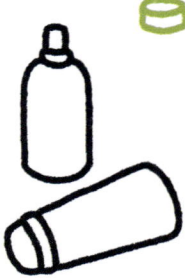

1 Primero dibuja pequeñas formas ovaladas para crear los tapones.

2 Después, haz el contorno de los recipientes unidos a la base de los tapones.

3 Añade otro tapón pequeño al lado de los dos recipientes.

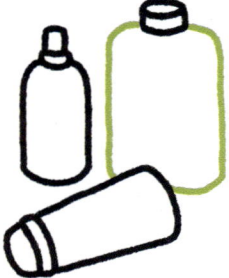

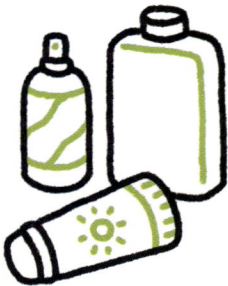

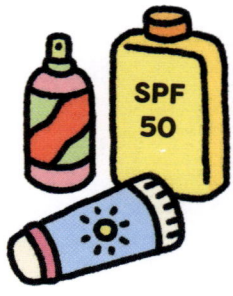

4 Crea la forma del tercer recipiente trazando un rectángulo redondeado.

5 Dibuja los diseños de los recipientes.

6 Pinta el dibujo. ¡Buen trabajo!

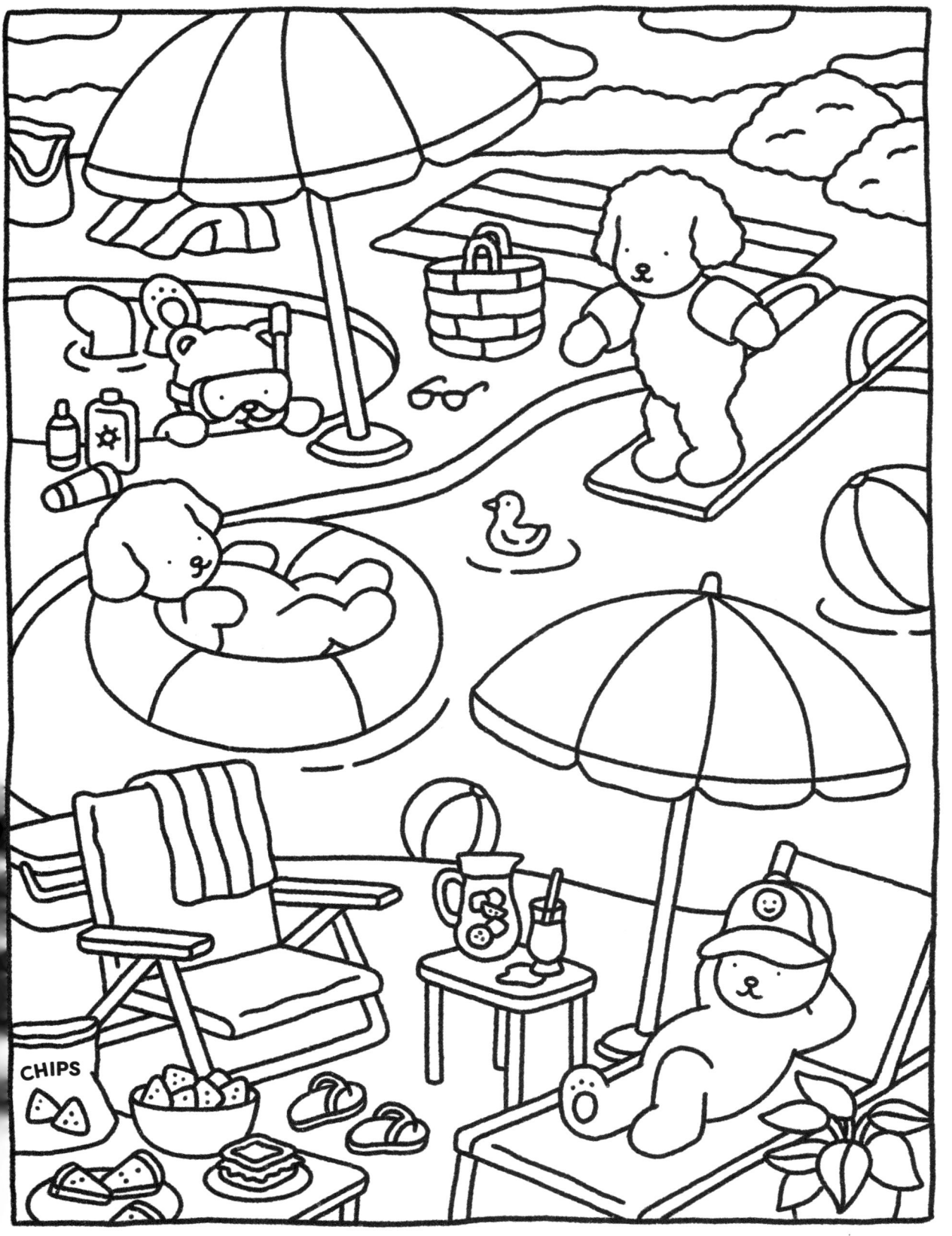

¡Qué huertecito más exuberante! En las páginas siguientes podrás demostrar que tienes buena mano con las plantas... ¡aunque solo sea reproduciéndolas sobre papel! Aprenderás a dibujar crujientes zanahorias, una cestita para tus hortalizas ¡y mucho más! En la página 111 podrás colorear un magnífico huerto.

HUERTO CUIDADO CON MIMO

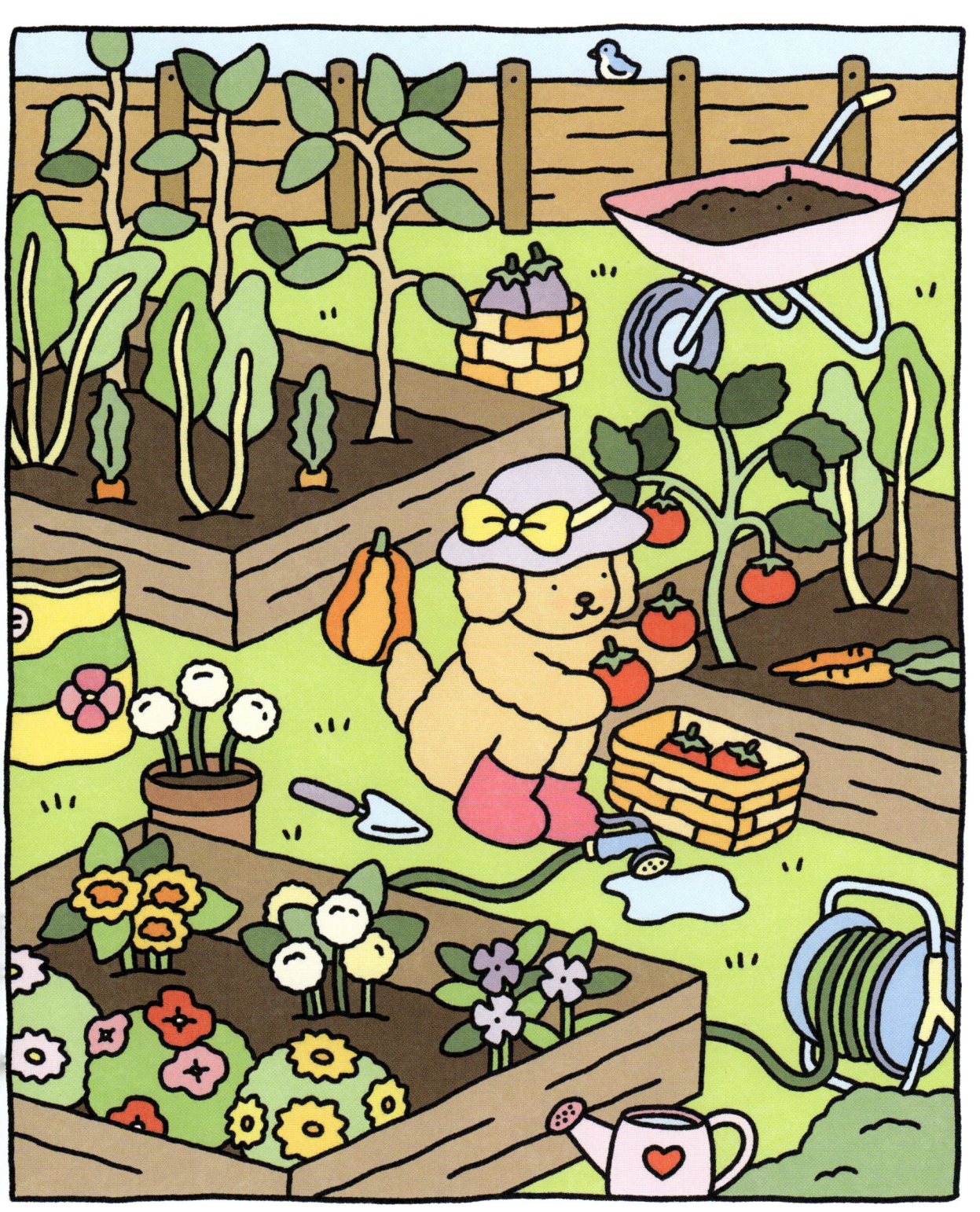

cesta de hortalizas

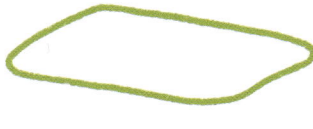

1 Primero haz el borde de la cesta trazando un paralelogramo con esquinas redondeadas.

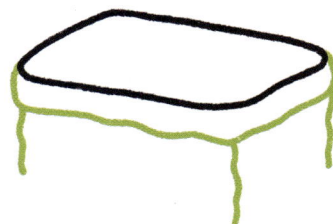

2 Después, añade los cantos de la cesta.

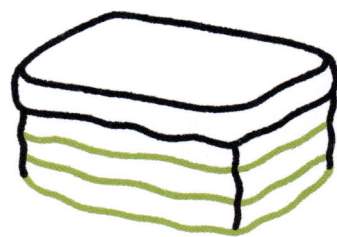

3 Dibuja varias líneas paralelas al borde de la cesta. Si las haces irregulares, le darás un toque único.

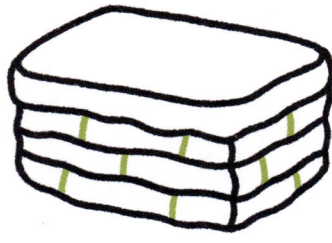

4 Traza varias líneas verticales cortas para crear la textura de mimbre.

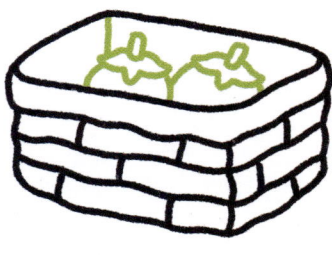

5 Por último, dibuja las hortalizas. Mmmm, tomates.

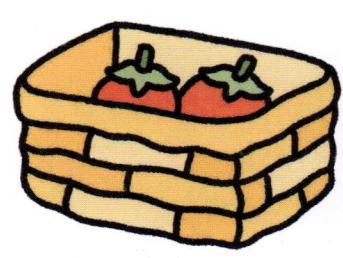

6 Dale color ¡y *voilà*! ¡Ya tienes tu cesta!

zanahorias

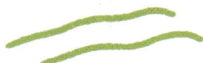

1 Primero dibuja dos líneas horizontales algo onduladas. Puedes hacerlas iguales o un poco diferentes.

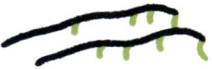

2 Añade varios trazos cortos verticales.

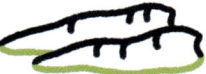

3 Después, haz el otro lado de las zanahorias.

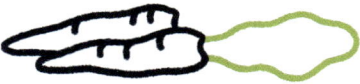

4 Dibuja las hojas de la zanahoria inferior.

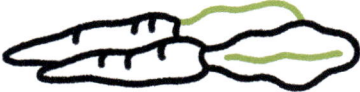

5 Añade las hojas de la otra zanahoria y una línea para el tallo de la primera zanahoria.

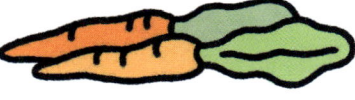

6 Finalmente, pinta las zanahorias. ¡Frescas y crujientes!

manguera de jardín

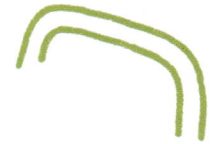

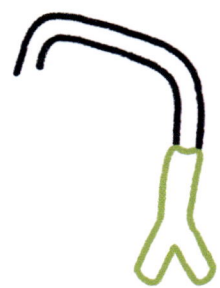

1 Primero traza dos líneas.

2 Añade esta forma de horquilla para empezar a dibujar el soporte.

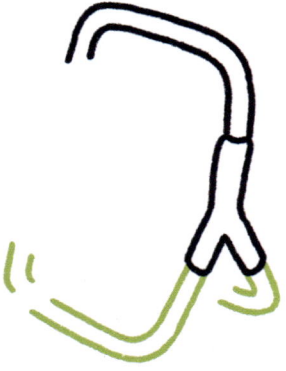

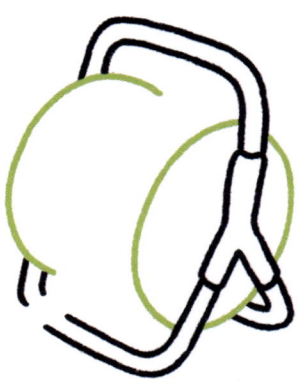

3 Dibuja las patas del soporte, dejando varias aberturas.

4 Añade el carrete en el que se enrolla la manguera dibujando un círculo y un semicírculo.

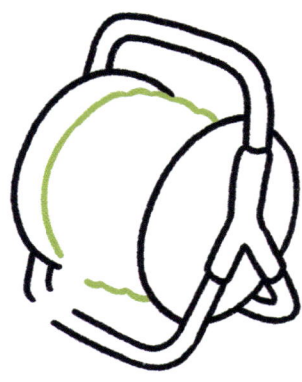

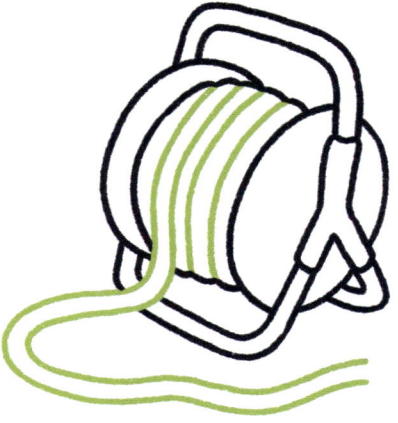

5 Traza otro semicírculo y luego dos líneas ligeramente onduladas.

6 Dibuja varias líneas para crear la manguera. ¡Está casi toda enrollada!

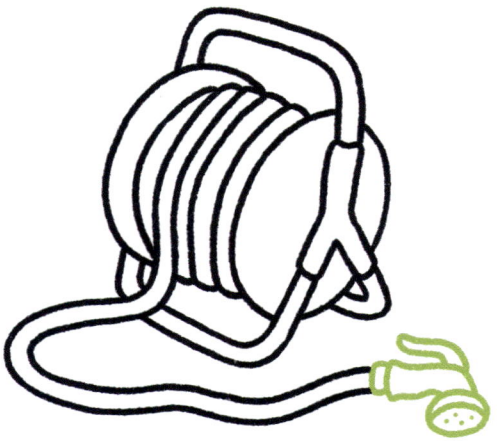

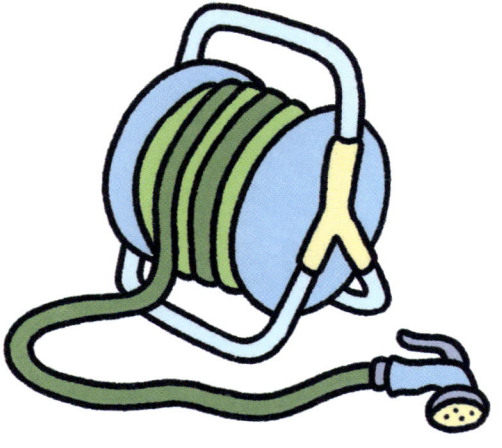

7 Añade la pistola. Tiene múltiples opciones de riego, por lo que se adapta a cada planta.

8 Pinta el dibujo de tus colores favoritos. ¿Y si optas por la típica manguera verde?

saco de tierra

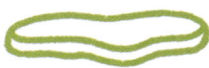

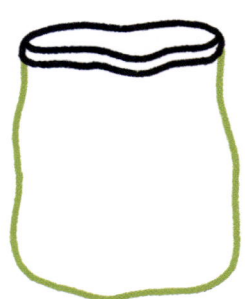

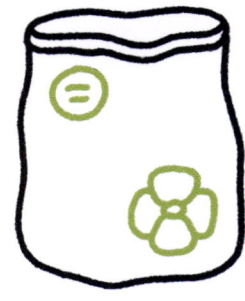

1 Primero dibuja la parte superior del saco. Asegúrate de hacerla lo suficientemente amplia como para poder sacar tierra con la pala.

2 Traza el contorno del saco. Piensa en qué se apoya y dibuja su forma acorde a ello.

3 Haz los primeros elementos decorativos: ¡una flor y una etiqueta!

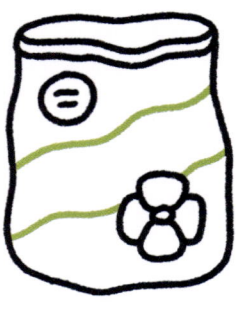

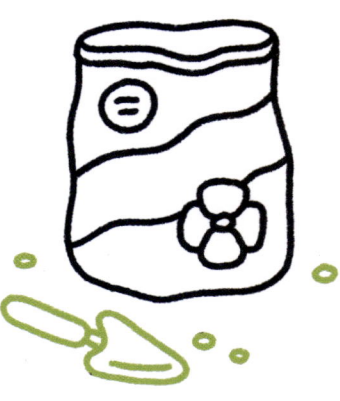

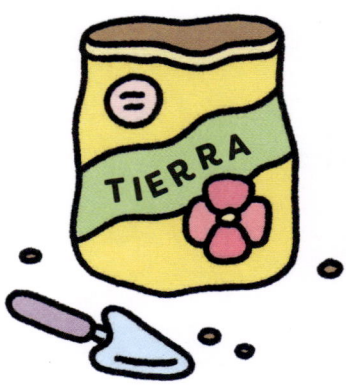

4 Añade una etiqueta lo suficientemente grande para escribir de qué producto se trata.

5 ¡No te olvides de las herramientas! Recuerda que no pasa nada si ensucias un poco.

6 Un saco de tierra no tiene por qué ser aburrido. Píntalo de colores alegres.

pamela

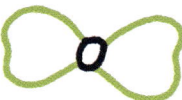

1 Primero dibuja el nudo del lazo.

2 Después, haz los dos bucles del lazo. ¡Oh! ¡Ha quedado muy mono!

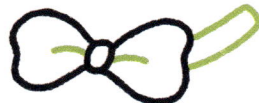

3 Dibuja los pliegues y luego la cinta para asegurar el lazo a la pamela.

4 Traza la copa redondeada de la pamela. ¡Debe ser lo suficientemente grande como para que quepan las orejas de la perrita!

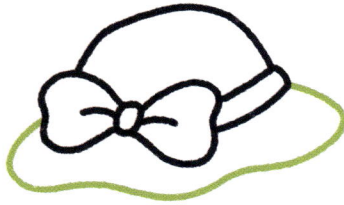

5 Añade el ala. Tienes que asegurarte de que protegerá del sol a la perrita mientras trabaja en el jardín.

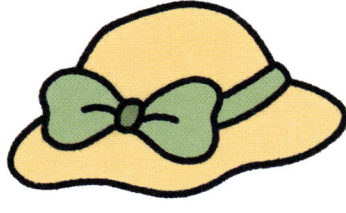

6 Pinta la pamela y el lazo de los colores que prefieras.

perrita hortelana

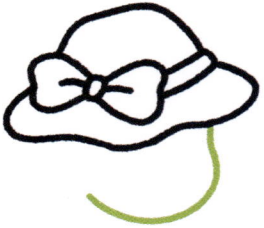

1 Primero dibuja la preciosa pamela que has aprendido a hacer en la página 105.

2 Traza esta línea debajo de la pamela para crear la forma de la cabeza.

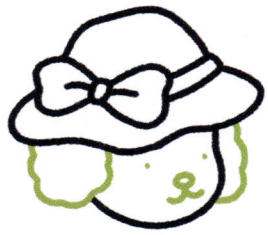

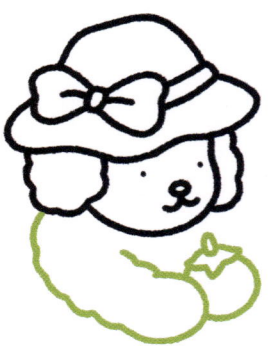

3 Después, dibuja las peludas orejas y la carita.

4 Hazle el primer brazo sosteniendo tu hortaliza preferida.

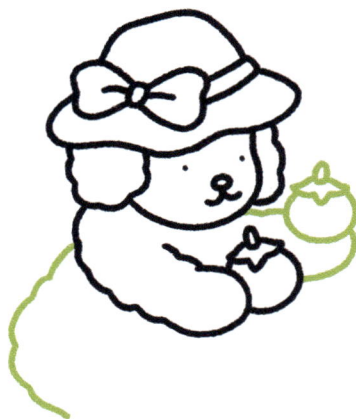

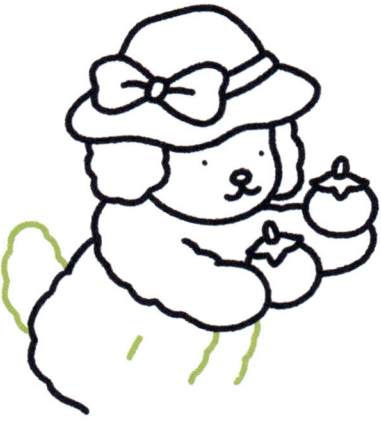

5 Añade el otro brazo y la espalda de la perrita.

6 Traza unas líneas para empezar a crear las patas y luego dibuja una cola peludita.

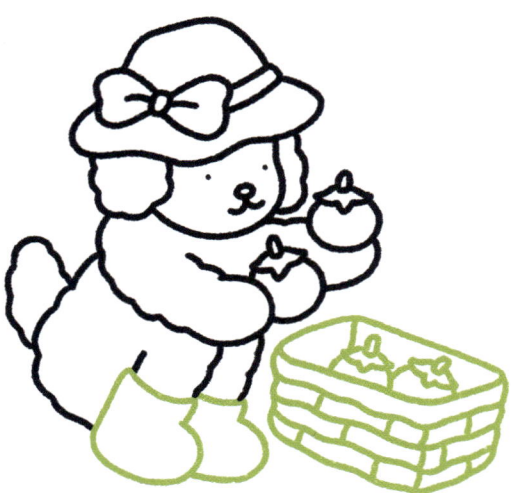

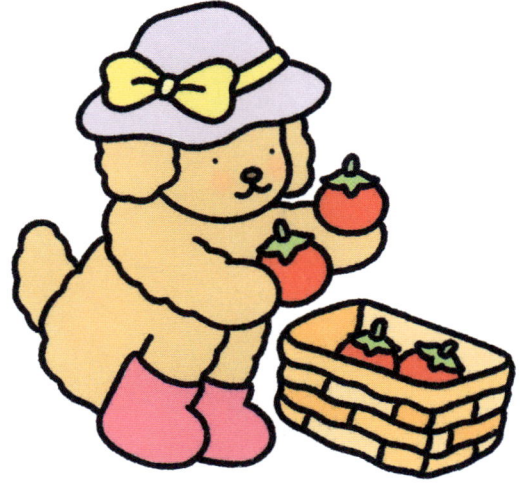

7 Ponle unas botas de jardinera y añade la cesta de hortalizas de la página 100.

8 Por último, colorea el dibujo, ¡asegurándote de que las hortalizas parezcan recién cosechadas!

carretilla

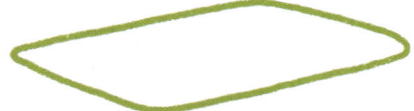

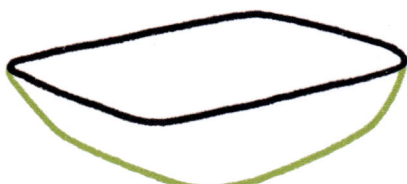

1 Primero traza un rectángulo inclinado con las esquinas redondeadas: será el borde de la carretilla.

2 Después, crea la bandeja añadiendo una forma de *U* abierta. Puedes ajustar el tamaño y la forma de la carretilla modificando esta línea.

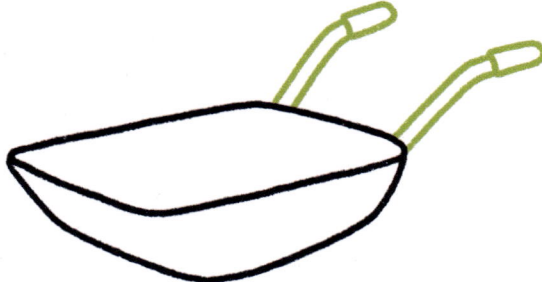

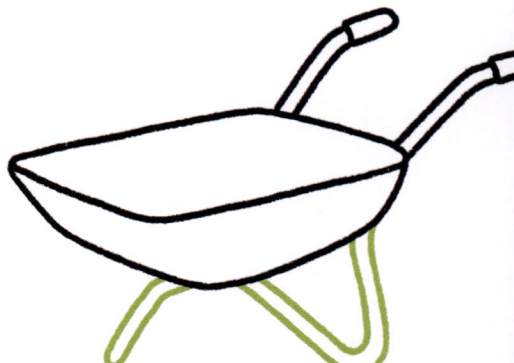

3 Hazle los mangos con puños para poder dirigirla.

4 Dibuja la base y una de las patas de apoyo.

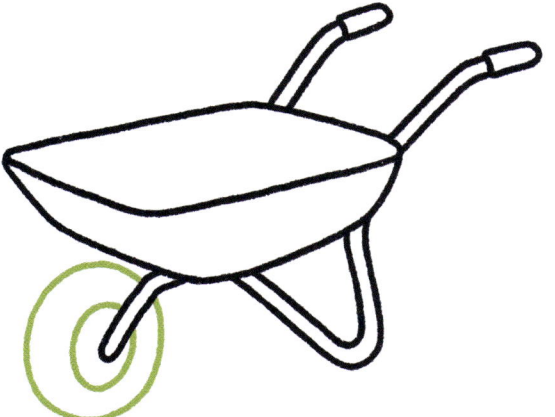

5 Añade la rueda neumática.

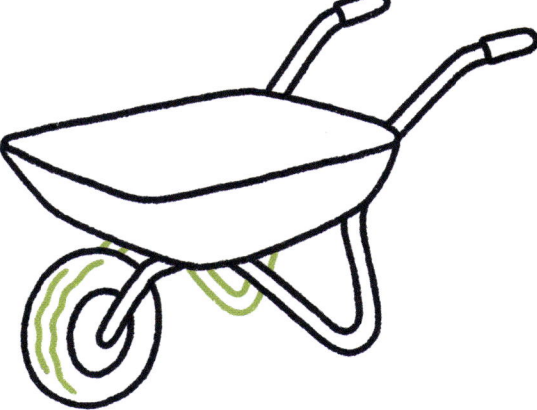

6 Traza unas líneas para crear la textura del neumático y dibuja la segunda pata.

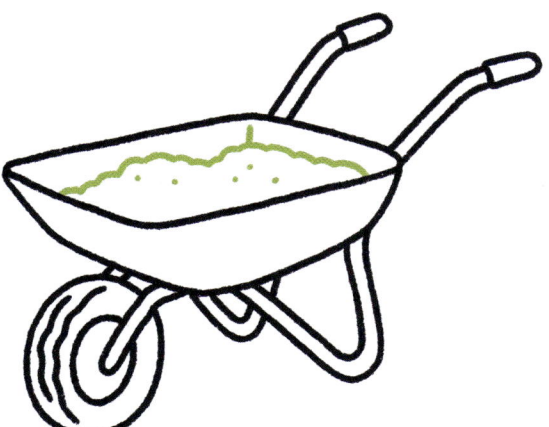

7 Llena la carretilla de tierra.

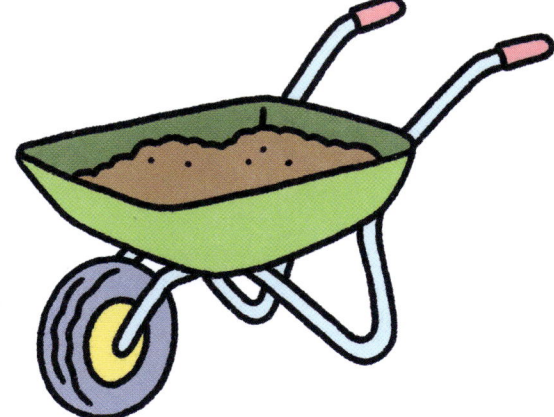

8 Por último, píntala. Esta es verde con los puños rosas, ¡que habrían sido rojos si la carretilla no hubiese estado expuesta al sol!

tomatera

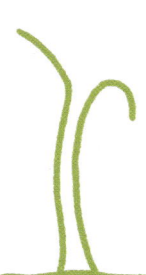

1 Primero dibuja el tallo de la planta con las dos ramas inferiores. Puedes hacerla tan alta como quieras. Después, añade la línea del suelo.

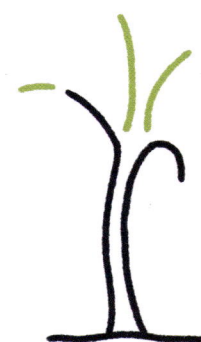

2 Haz algunas ramas más. Deja espacio para los tomates.

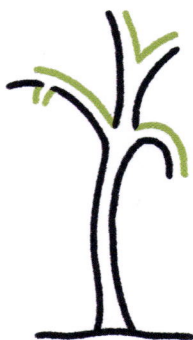

3 Añade las últimas líneas de las ramas.

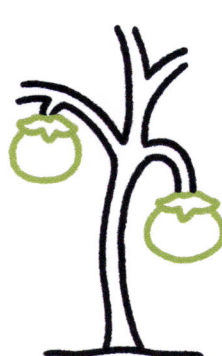

4 Dibuja los tomates. ¡Tienen pinta de haber sido cultivados con amor!

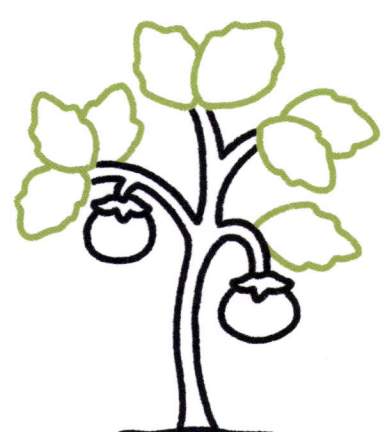

5 Haz algunas hojas en el extremo de las ramas.

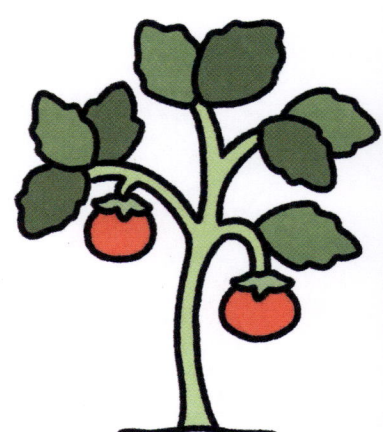

6 Para terminar, colorea la tomatera. ¡Tienes buena mano con las plantas!

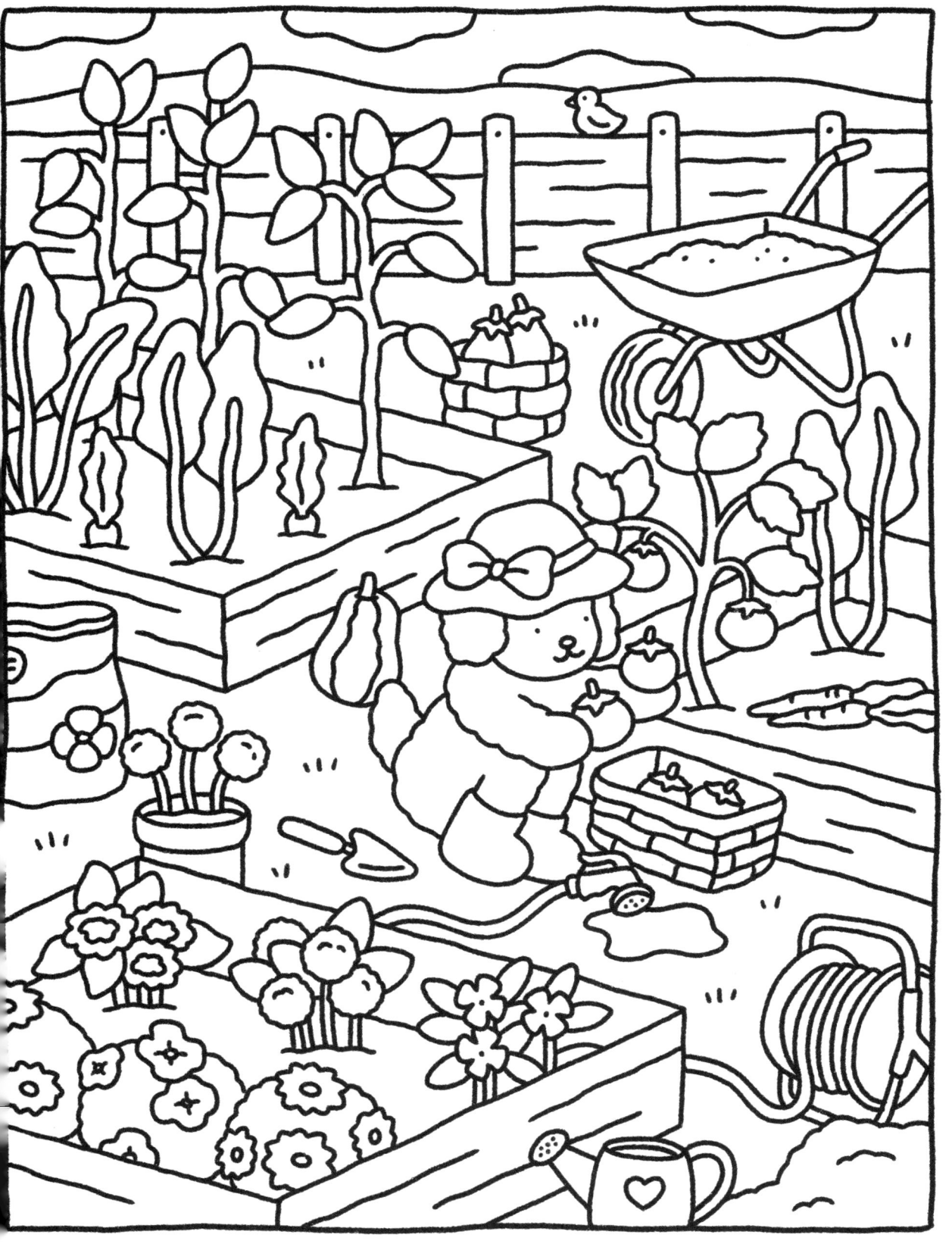

acerca de la artista

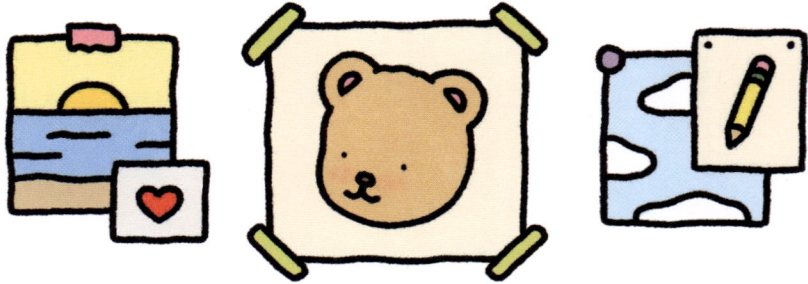

Bobbie Goods fue creado en el soleado Sur de California por Abbie «Bobbie» Goveia. La artista y diseñadora creció dibujando y coloreando el mundo que la rodeaba.

El trabajo artístico de Bobbie refleja su amor por la naturaleza, su amabilidad hacia el prójimo y una nostalgia reconfortante. Su idea es generar un sentimiento de sintonía y asombro en cualquiera que tenga un bolígrafo y un papel en sus manos.